中国社会科学院重点学科建设项目

"少数民族描写语言学研究"

中国社会科学院创新工程学术出版资助项目

维吾尔语
乌什话研究

木再帕尔 ◎ 著

中国社会科学出版社

图书在版编目（CIP）数据

维吾尔语乌什话研究 / 木再帕尔著. —北京：中国社会科学出版社，2017.3
ISBN 978-7-5203-0219-7

Ⅰ. ①维… Ⅱ. ①木… Ⅲ. ①维吾尔语（中国少数民族语言）–研究–乌
什县 Ⅳ. ①H215

中国版本图书馆 CIP 数据核字（2017）第 073053 号

出 版 人　赵剑英
责任编辑　任　明
责任校对　王　磊
责任印制　李寡寡

出　　版　中国社会科学出版社
社　　址　北京鼓楼西大街甲 158 号
邮　　编　100720
网　　址　http://www.csspw.cn
发 行 部　010-84083685
门 市 部　010-84029450
经　　销　新华书店及其他书店

印刷装订　北京市兴怀印刷厂
版　　次　2017 年 3 月第 1 版
印　　次　2017 年 3 月第 1 次印刷

开　　本　710×1000　1/16
印　　张　10.5
插　　页　2
字　　数　191 千字
定　　价　68.00 元

凡购买中国社会科学出版社图书，如有质量问题请与本社营销中心联系调换
电话：010-84083683

目　　录

绪　论

一　乌什县概况

乌什县在维吾尔语中叫 Uchturpan，隶属于新疆维吾尔自治区阿克苏（Aqsu）地区。该城古代称为 Uch，是历史千载的一座小城市。汉文的"乌什"为其古称 Uch 一词的音译。11 世纪著名维吾尔学者麻赫默德·喀什噶里将 Uch 一词解释说"Uch，是一个著名城市的名称"。①在大词典现代维吾尔文版的脚注中译者进一步解释 Uch 是现今乌什县的古称，该城境内流过的最大河叫 Tawushqan Ögüz，即现在的 Toshqan Deryasi（托什干河）。词典中的解释完全符合现在的实际情况。可见，乌什早在 11 世纪已经成为有漫长历史的著名城市和文化中心。

乌什县位于阿克苏地区西部，塔里木盆地西北边缘，天山南麓，托什干河上游地区，地理坐标为东经 78°23′41″至 80°01″09″，北纬 40°43′08″至 41°51′12″。乌什县东连温宿（Onsu）县和阿克苏市，西接阿合奇（Aqchi）县，南与柯坪（Kälpin）县交界，北与吉尔吉斯斯坦共和国接壤。从县城到阿克苏市共有 111 千米，到乌鲁木齐市 1111 千米，邮政编码为 843400。

截至 2014 年，乌什县辖 2 个镇、7 个乡，它们分别是：乌什镇（Uchturpan Baziri）、阿合亚镇（Aqyar Baziri）、阿克托喀依（Aqtoqay）乡、阿恰塔格（Achatagh）乡、亚科瑞克（Yarköwrük）乡、依麻木（Imamlirim）乡、英阿瓦提（Yengi'awat）乡、奥特贝希（Otbeshi）乡、亚曼苏（Yamansu）乡。

乌什县属温暖大陆半干旱气候区，年均气温 9.4℃，极端最高气温 35.5℃，极端最低气温–26.6℃。乌什年日照时间 2750–2850 小时，河谷平原区年降水量为 70 毫米—120 毫米，河谷平原全年平均无霜冻期为 183—206 天。河谷平原≥10℃的活动积温平均为 3200℃—3600℃。

乌什县地势西北高东南低，四周为山，中间为谷地，山地占 59.9%，戈壁占 27.6%，谷地平原仅占 12.5%，俗称六山、三滩、一分地。平均海拔

---

① 麻赫默德·喀什噶里：《突厥语大词典》（维文版，新疆人民出版社 1981 年版，第 1—49 页；汉文版，民族出版社 2002 年版，第 1—40 页。）

1396 米,县城所在地海拔 1400 米。县境内扎特克列峰海拔 5153 米,为全县最高点。

乌什境内矿产资源丰富,截至 2014 年,已探明南山磷矿总储量 1292 万吨,五氧化二磷,平均含量 17%;石灰岩矿多处,探明储量 694 万吨;石膏矿 3 处合计储量 47500 万吨;坎岭铅锌矿是以铅为主的多金属中型矿,探明储量合计 8 万吨以上;北山铝土矿,探明储量 52 万吨,品位为三氧化二铝 50%–70%。已发现的矿种有金、锑、铝土、铅锌、铜、钒、磷、铀、石膏、石灰石、白云岩、大理石、玄武岩等 16 种及 59 个矿点。

乌什县野生资源有雪豹、黄羊、大头羊、狐狸、旱獭、雪鸡、野猪、雁、天鹅及沙棘、党参、黄连、甘草、雪莲、车前子、菟丝子等多种中草药,尤其沙棘林资源丰富。

截至 2013 年末,乌什县总人口 221089 人,其中农业人口 183583 人,非农业人口 37506 人,城镇化率为 16.96%。男性人口 113191 人,女性人口 107898 人,性别比为 51.2:48.8。出生人口 3751 人,出生率 17.1‰;死亡人口 1177 人,死亡率 5.37‰;自然增长率 11.74‰。

2014 年,乌什县维吾尔族占全部人口的 94%,汉族占 5.4%,其余为其他少数民族。

二 乌什话的特点

目前,现代维吾尔语方言土语的研究工作已经进入了成熟阶段。有关各大方言的研究成果连续面世,加深了人们对现代维吾尔语的了解。此外,对次方言和土语的研究也在不断地加深,其中对喀什次方言、伊犁次方言、吐鲁番次方言、哈密次方言的研究尤为突出。

乌什邻近地区的各次方言和土语也引起了学者们的浓厚兴趣,得到了比较全面的研究,比如柯坪话、塔里木次方言和库车土语方面出现了相当深入和高水平的学术论文,丰富了方言研究领域的学术成果。可惜,乌什话似乎未能引起学者们的注意,至今没人进行过专项调查研究。因此,对乌什话进行语音,词汇和语法方面的研究也是非常有价值的一项研究工作。这项研究会弥补维吾尔语方言研究中的一个空白。

乌什话在现代维吾尔语方言土语中没有特别突出或引人注目的不同特点,它是属于维吾尔语中心方言的一种地方话,与其他次方言和各种土语一起,形成与书面语接近的中心方言,在研究维吾尔语共同语和书面语方面具有举足轻重的作用。

语言学家们对维吾尔的各方言进行了不同程度的研究,取得了不少成绩。但是从量化衡量的角度来讲,次方言和土语的调查研究成果还是不够。

因为大家认为主方言研究好了，次方言就不用费劲去研究。更重要的是，中心方言是维吾尔语书面语的基础，书面语的材料比比皆是，而且毕竟是中心方言，假设彼此之间区别不大，故没有必要去研究其中的次方言。这种看法是错误的。因为每一个次方言也是一种小的方言单位，主方言是由几种次方言组成的，所以研究次方言是研究主方言的基础。

一般来讲，乌什话与中心方言区的其他次方言和土语没有大的差异。但乌什县在地理位置上处于边缘地带，再加上过去交通不便，信息不通，又不在交通枢纽位置，结果产生了乌什独有的一些特点，主要表现在语音、语调和一些词汇方面。另一方面邻近地区人们的迁徙对乌什话特点的形成也产生了一定的影响。乌什县居住着不同时期从外地迁来的大量人口，包括邻近的柯坪县，喀什地区、和田地区以及吐鲁番地区的人们。由于这些地区的人本身就操着与本地土语有较大差异的方言或土语，在与本地人融合过程中接受当地人的生活模式的同时，对当地人的生产方式和交流形式产生了深远影响。结果形成了乌什独有的，能使他们从其他方言区的人区别开来的一些细小的特点。这种特例在维吾尔语的其他方言区里比较少见。

此外，一直以来语言学家们对维吾尔语的各方言和土语进行了比较深入的研究，甚至反复研究了某些方言土语，然而唯有乌什话始终未能引起学者们的注意，因此本人认为乌什次方言作为中心方言的一种地方变体以及凭着特有的分布特点，有其研究的价值和必要性。再者，本人是土生土长的乌什人，在研究乌什话方面具有得天独厚的优势。因此，本人选择研究乌什土语，旨在使人们了解它的特点。

从2010年至2014年本人赴乌什县各村共调查了十余人，其中重点调查4人。所搜集的词汇将近1500条左右。除此之外还有诗歌、短篇故事、谜语等。这些资料在写作过程中起到了不可或缺的作用。

三　研究方法

在本书的写作中运用了两种完全不同的研究方法，并使之巧妙地糅合，从不同角度解释了乌什话的词法和句法特点。

（1）描写方法：描写方法是语言学最基本的方法，在语法研究和方言研究中广泛使用。通过此方法，研究者具体、深入、清晰地描写和揭示了研究对象的特点。在描写过程中对所列出的句子尽量做了标注。

（2）生成句法：该方法使用各种描写符号和标记以及树形图等形式研究句法方面的细小问题。生成句法是最新的一种研究手段，在句法研究方面的作用不可低估。可是迄今从未有人使用该方法研究过方言土语。本书的句法部分正是运用此方法，清晰地揭示了乌什话的句法特点。

四　转写符号及缩略语

本书所使用的转写符号的实际发音与方括号内的国际音标的音相一致，具体如下：

a[a]，ä[æ]，b[b]，č[ʧ]，d[d]，e[e]，f[f]，g[g]，γ[ʁ]，x[x]，h[h]，i[i]，j[dʒ]，k[k]，l[l]，m[m]，n[n]，ŋ[ŋ]，o[o]，ö[ø]，p[p]，q[q]，r[r]，s[s]，š[ʃ]，t[t]，u[u]，ü[y]，w[w]，y[j]，z[z]，ž[ʒ]。

书中，对正文部分的所有例句做了标注，而对长篇语料只做翻译，未做标注。

本书里使用的维吾尔语句子标注缩略语为：

缩略语	英语	汉义
1sg	1st person singular	第一人称单数
2sg	2nd person singular	第二人称单数
3sg	3rd person singular	第三人称单数
1pl	1st person plural	第一人称复数
2pl	2nd person plural	第二人称复数
3pl	3rd person plural	第三人称复数
2sPOL	2nd person singular polite	第二人称单数尊称
2pPOL	2nd person plural polite	第二人称复数尊称
2sRSP	2nd person singular respectful	第二人称单数敬称
A	adjective	形容词
ABL	ablative marker	从格标记
ABIL	ability marker	能动标记
ACC	accusative case	宾格
ADJL	adjectivalizer marker	形容词化标记
ADVL	adverbializer marker	副词化标记
ADVN	advancing aspect	先动体
ALTR	altruism aspect	利他体
ASP	aspect marker	体标记
GUESS	guess marker	猜测标记
AUX	auxiliary	助词
CAUS	causative	使动态（标记）
COMT	comitative marker	随同格标记

续表

缩略语	英语	汉义
COND	conditional marker	条件-语气标记
CONJ	conjunctive marker	并列连接词
CONT	continuative aspect marker	持续体标记
COP	copula	判断词
DAT	dative case	与格
DES	desiderative	意愿式
DEV	devotion aspect	投入体
DIM	diminutive marker	指小、减弱标记
DISP	disposal aspect	处置体
DUR	durative aspect	连续体
EMPH	emphatic marker	强调标记
EQUI	equivalence case marker	量似格标记
EVID	evidential	示证范畴
FUT	future tense	将来时
GEN	genitive case	领属格
GOAL	goal marker	目的标记
HAB	habitual aspect	惯常/习惯体
HEAR	hearsay marker	听说标记
HRS	hearsay evidential marker	听说（示证）标记
IMP	imperative marker	命令式标记
IMPF	imperfective	未完成体
ENT	entreaty mood	恳求语气
INDC	indicative marker	指示标记（-ki）
INIT	initiative marker	起始体标记
INQ	inquiry mood	追问标记
INTNS	intensifying aspect	强化体
INTR	intransitive	不及物
INTRJ	interjection	感叹词
INTRP	interrogative pronoun	疑问代词
INT	intention marker	欲动标记
ITR	iterative aspect	重复体

续表

缩略语	英语	汉义
LMT	limitative case	界限格
LOC	locative case	时位格（///地点格）
LQ	locative-qualitative case	地点格
MEAS	measure word	量词
MOOD	mood marker	语气（式）标记
N	noun	名词
NEC	necessity marker	必然性标记
NEG	negative component	否定成分
NOM	nominative case	主格
NOML	nominalizer marker	名词化标记
NP	noun phrase	名词短语
NPAST	non-past tense	非过去时
NUM	numeral	数词
PART	particle	助词，小品词
PASS	passive	被动态
PL	plural marker	复数标记
POS	possessee marker	从属标记
POST	postposition	后置词
PREF	prefix	前缀
PRFM	performing aspect	执行体
PRO	pronoun	代词
PROB	probability	无定（或然）标记
PROG	progressive	进行体
PRES	present tense	现在时
PROS	prospective aspect marker	将行体标记
PRP	purposive marker	目的标记
PRS	persistent aspect	一贯体
PAST	past tense	过去时
Q	question marker	疑问句标记
QUOT	quotation, quotative	引用语
RC	relative clause	关系小句

缩略语	英语	汉义
RECIP	reciprocal	交互态（标记）
REDUP	reduplication	重叠
REFL	reflexive	反身态（标记）
REG	regret mood	遗憾语气
REP	repetitive	反复体
SELF	self-regard aspect	利己体
SML	similitude case	形似格、比喻格
SIM	simultaneous action	同时发生的动作
SUFF	suffix	后缀
SURP	surprise	惊异标记
TENT	tentative mood	尝试体
TERM	terminating aspect	终结体
TOP	topic marker	话题标记
UNINT	uninterrupted aspect	无阻体
V	verb	动词
VOC	vocative	称呼语
VP	verb phrase	动词短语
WISH	wish mood	心愿语气
WORRY	anxiety mood	顾虑语气标记

第一章 语音

一 元音

（一）元音

乌什话作为中心方言的一种地方变体，元音方面没有与其他方言土语不同的特点。它有 8 个基本元音，即 a, ä, e, i, o, ö, u, ü 及其一些变体。它们根据嘴唇的形状、舌位的高低和前后，可分为以下几组：

展唇元音：a, ä, e, i
圆唇元音：o, u, ö, ü
前元音：ä, ö, ü
后元音：a, o, u
央元音：e, i
例如：

a	alma "苹果"	taš "石头"	asta "慢"	qara "黑"
ä	älgäk "筛子"	ätä "明天"	därya "河"	täs "困难"
e	ečiq "水口"	sesiq "臭的"	teriq "糜子"	qeriq "苦涩"
i	is "烟"	čiš "牙齿"	qiš "冬天"	išt "狗"
o	ot "火"	yot "碘"	sot "法庭"	omaq "可爱的"
ö	öt "胆"	töt "四"	bök "帽子"	sök "拆"
u	uruq "瘦"	ut "赢"	tut "抓"	qurut "晒干"
ü	üškä "核儿"	üč "三"	čüš "梦"	üžmä "桑葚"

以上 8 个元音一般不分长短，可是在具体交际中经常可以听到相对长元音。这主要是：

一、包括乌什话在内的大部分维吾尔语方言土语中音节末的辅音 r 和个别词中音节末的 l 一般不发音或者脱落，这样就形成了听起来相似长元音的音位组合。如：bi: "一"（<bir），bä: "给"（<bär），yamɣu: "雨"（<yamɣur），čamɣu: "恰麻古"（<čamɣur），ya:liq "沟壑地"（<yarliq），qa:liq "雪地"

（<qarliq），ä:kä"娇生惯养的"（<ärkä），a:γan"拿过"（<alγan），sa:γan"放过"（<salγan），qa:γan"留过"（<qalγan）等。

二、一些阿拉伯语、波斯语借词本身就带着长元音，借入后保留了原来的特点。如a:dät"习惯"（<阿拉伯语），a:lim"学者"（<阿拉伯语），a:dil"公正"（<阿拉伯语），qa:til"杀手"（<阿拉伯语）等。借词中有些语音的脱落也导致长元音。如ä:wal"情况"（<阿拉伯语 ähwal），tö:mät"诽谤"（<阿拉伯语 töhmät），di:xan"农民"（<波斯语 dihqan），mi:man"客人"（<阿拉伯语 mihman），tä:rät"小净"（<阿拉伯语 taharät）等。

三、一些词语虽然不带长元音，由于交际过程中的一些习惯，在口语中实现为长元音。实际上它们没有区别意义的功能。发音时元音的长短不影响语义，只不过是听起来有点别扭罢了。如o:γaq（<orγaq）"镰刀"，ö:däk（<ördäk）"鸭子"，i:γat-（<irγat-）"摇撼"，tu:（<tur）"站"，qa:γa（<qarγa）"乌鸦"，bi:（<bir）"一"，qi:（<qir）"田埂"，tö:（<tör）"上座"，kä:piš（<kärpiš）"土砖块"等。

有些语音发音时听起来确实比较长。含有这种音的大部分词语除了一些固有词，大多为借词。如mä:sä:"内套鞋"（<阿拉伯语），hä:rä:"黄蜂"，a:ra:"干草叉"，qa:n"血"，ja:n"性命"（<波斯语），ana:"妈妈"，tana:"绳子"（<波斯语），si:mi:z"胖的"，e:yiq"熊"，te:riq"糜子"，qe:riq"苦涩"，qe:ri"老的"等。

虽然乌什话中音长长的长元音的数量不少，但在实际交际中没有真正区别意义上的音质不同的长元音。其他大部分方言土语中的情况也是如此。这就是我们为什么说维吾尔语没有长元音的原因。

（二）元音表

舌 唇	前元音	后元音	央元音
展唇元音	ä	a	i, e
圆唇元音	ö, ü	o, u	

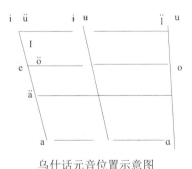

乌什话元音位置示意图

（三）元音音位的描述

a：是展唇底元音，发音时口张大，舌向后缩，舌位降低到最低程度。如 mana "这就是"，ana "妈妈"，aš "饭"，ayal "女人"，ayna "那就是"等。其变体为展唇后底元音 ɑ，如：kɑla "牛"，ɣɑltäk "独轮车" 等。

ä：是展唇前元音，发音时舌头向前伸，舌头接近下齿背，口腔半开。如 näm "潮湿的"，män "我"，täs "困难"，sät "丑陋的"，häsäl "蜂蜜"，härä/herä "黄蜂"，xät "信"，äyzi "那边"，mäyzi "这边" 等。

e：是半高展唇前元音，发音时口腔张得比 ä 时小，舌头向前伸，舌尖微接下齿背。如 eyiq "熊"，seliq "赋税"，qeri "老人" 等。

i：展唇，前高元音，发音时口微开，双唇向两旁舒展，舌头前伸，舌尖接近下齿背，舌面上升接上腭。如 igiz "高"，kigiz "毛毡"，seɣiz "黏性土"，kitap "书"，qiz "女孩" 等。

i 有[i]，[ɪ̯]，[ï]，[ɨ]等变体。这些变体起着促进语音和谐的作用，没有区别意义的功能。

[i]：展唇前高元音。如 igä "主人"，isim "名字"，iz "足迹"，nimä "什么"，mäčit "清真寺" 等。

[ɨ]：展唇央高元音。如 liŋtasma "优柔寡断的"，ziŋziŋwaš "脑子进水的" 等。

[ï]：展唇后高。如 qïz "女孩"，qïš "冬天"，qïzïl "红色的"，ɣïlpal "浮光掠影"，ɣïž-ɣïž "呼噜呼噜声"，qïl "马尾；头发丝"，qïɣ "粪肥" 等。

[ɪ̯]：大多数方言土语中趋向于清化的一种变体。在送气清辅音前发生清化，这时听起来这个音段与其后续清辅音之间增加了一个短促的后音 š。如 ɪ̯t（išt）"狗"，pɪ̯t（pišt）"虱子"，ɪ̯ttik（ištik）"快的"，ɪ̯kki（iški）"二" 等。

o：是圆唇，舌后，半底元音。发音时双唇向前伸，形成圆形，舌面后部向软腭抬起。如 no: "水槽"，ot "草"，oq "子弹"，osal "脾气暴躁的"，toz "孔雀"，qoza "羊羔"，qoy "羊"，qosaq "肚子"，tor "网"，tora- "拦挡"，tos- "阻挡"，mos-mos "软囊囊的"，oɣul "儿子"，toy "婚礼"，soz- "拉长"，soy- "屠宰"，qoto:(r) "粗糙的" 等。

u：是圆唇，舌后，高元音。发音时，口张得比 o 时小，双唇更向前伸，形成圆形，舌头向后缩，舌面后部向软腭抬起，接近软腭，但不摩擦。如 muŋ "忧伤"，muš "拳头"，ur- "打"，un "面粉"，burun "鼻子"，utun "木柴"，uruq "种子" 等。出现在清辅音前，它会有清化的变体[ů]。如：ůt- "赢"，qůt "幸福"，tůt- "抓"，ůs- "盛（饭）"，qůs- "呕吐" 等。

ü：是圆唇，舌前，高元音。发音时，口微张，双唇向前撮圆，舌头前伸，舌尖接触下齿背。如 tülük "锅底"，tünlük "天窗"，üzüm "葡萄"，

ülük "尸体"，müšük "猫"，üzük "戒指"，tümür "铁"。ü 有[ů]和[ʉ]两种变体。

[ů]：圆唇高元音。像[ɪ̥]，出现在送气辅音之间或其前面时它有清化的趋向。如 ůššůk "霜冻"，čůš "中午"，ůč "三"，ůtlä- "燎" 等。

[ʉ]：展唇央高元音。如 bʉgʉn "今天"，bʉrgä "跳蚤" 等。

ö：是圆唇，舌前，半高元音。发音时，双唇向前伸，成圆形，口张得比发 o 时稍小，舌头前移。如 öm "齐心协力的"，öz "自己"，ön- "长出来"，sök- "拆线"，söz "话"，töš "胸脯"，tör "上座"，töpä "上面" 等。

二　辅音

乌什话有 24 个辅音，它们是：b、p、m、w、z、s、d、t、n、l、r、j、č、š、y、g、k、ŋ、q、γ、x、h、f、ž。其中，f 和 ž 只出现在拟声词和借词中以及以有些音的变体的形式出现，一般不能作独立音位。

（一）按声音震动

按发音时声音震动与否，分成清辅音和浊辅音。

浊辅音：b、m、w、z、d、n、l、r、j、y、g、ŋ、γ、h、ž。

例如：

b	bäš "五"	obdan "好的"	bašliq "领导"	badam "巴旦木"
m	müšük "猫"	amraq "喜欢"	tam "墙"	mašina "汽车"
w	wätän "祖国"	awaz "声音"	awaq "瘦的"	kawa "南瓜"
z	zädäk "胡萝卜芯儿"	ä:zan "便宜"	γaz "鹅"	taz "秃子"
d	däitä "笨蛋"	adät "习惯"	sadda "淳朴的"	gödäk "儿童"
n	nan "馕"	ana "妈妈"	sän "你"	näm "潮湿的"
l	lata "布"	ala "杂花的"	qal- "留"	lola "狡猾"
r	ras "真的"	ara "中间"	qar "雪"	üžmä "桑葚"
j	jan "性命"	äjir "功劳"	taj "王冠"	baj "税务"
y	yan "旁边"	ayàm "节日"	qay- "打旋"	say "河谷"
g	gal "脖子；迟钝"	agah "警告"	guman "怀疑"	gunah "罪"
ŋ	zaŋ "无聊的"	taŋ- "绑捆"	maŋ- "走路"	yaŋaq "核桃"
γ	γora "青杏"	boγuz "喉咙；饲料"	taγ "山"	čiγ "芨芨草"
h	haya "耻"	härä "锯子；蚂蜂"	naähli "白眼儿狼"	hijap "头巾"
ž	žil "年"	žitim "孤儿"	žin "食糜"	žit "一种薄饼"

清辅音：p、s、t、č、š、k、q、x、f。其中 f 音出现的频率很低，做不了独立音位。

例如：

p	pitäk "鞋垫"	iplas "卑鄙的"	tap "动物尸体"	säpär "旅行"
s	seriq "黄色"	as- "挂"	is "烟"	pasa(r) "玉米秆"
t	taɣ "山"	tinč "平静的"	ata "父亲"	mat bol- "被将死"
č	čana "雪橇"	qiči "菜籽"	čawa(r) "草杂"	ač "饿的"
š	šamal "风"	aš "饭"	ištan "裤子"	šum "凶险的"
k	kalwa "笨蛋"	kaltä "短的"	uka "弟弟"	tik "直的"
q	qan "血"	saq "健康"	tuqqan "亲戚"	qiyišqa "狼"
x	xutun "妇女"	dixan "农民"	tuxa "鸡"	oxšaš "相似"
f	fontan "喷泉"	firansiyä "法国"	fašist "法西斯"	forma "正装"

（二）按发音部位

按发音部位可分为 9 类。

双唇音：p、b、m

唇齿：f、w

舌尖前音：s、z

舌尖中音：t、d、n、l、r

舌叶：š、ž、q、j

舌面中：y

舌面后：k、g、ŋ

小舌：q、x、ɣ

喉音：h

（三）按发音方法

按发音方法可分为 7 类。

塞：p、b、t、d、k、g、q

擦：f、w、s、z、š、ž、x、ɣ、h

塞擦：č、j

鼻音：m、n、ŋ

边：l

颤音：r

微擦：y

乌什话辅音音位表

发音方法 \ 发音部位		双唇	唇齿	舌尖前	舌尖中	舌叶	舌面中	舌面后	小舌	喉音
塞	清	p			t			k	q	
	浊	b			d			g		
擦	清			s		š	ç	x		h
	浊	w	v	z		ž	ɣ	γ		ñ
塞擦	清					č				
	浊					j				
鼻		m			n			ŋ		
边					l					
颤					r					
微擦							y			

（四）辅音音位的描述

b：双唇塞音，浊音。发音时双唇先紧闭，然后突然打开，这是气流冲出阻塞，声带振动。如 bas "压"，beliq "鱼"，bomba "炸弹"，bom "（声音）粗"。在音节末实现为清音 p。处于向音间时实现为唇齿擦音 v。如 qoy vaqqan čaɣda "当放羊的时候"，bälvaɣ "腰带"等。

p：双唇塞音，清辅音。发音部位与 b 相同。双唇打开时，气流冲出（送气）。在音节首实现为送气音 pʰ。如 pʰaša "蚊子"，pʰolo "抓饭"，pʰalta "斧子"；而在音节末实现为不送气音 p。如 top "球"，sapliq "水瓢"，tapan "脚掌"等。

w：唇齿音，浊辅音。发音时，上齿和下唇接触构成缝隙，气流从其缝隙摩擦而出，声带振动。其变体为唇齿擦音 v。如 avaz "声音"，navat "冰糖"，witvalaq "鹌鹑"，tava:(r) "绸子"，sävzä "胡萝卜"，ta:va: "煎锅"，ha:va: "空气"，yava "野生"，sivät "篮子"等。

f：唇齿音，清辅音。发音要领与 w 相同。只是发音时声带不振动。此音在口语里极少见，大多数情况下替换成 p，用于书写借词。如 fizika "物理"，fontan "喷泉"，fund "基金"，fašizim "法西斯主义"等。

d：舌尖塞音，不送气的浊辅音。发音要领与 t 相同，发音时声带振动。音节末实现为清塞音 t。如 dö: "蜘蛛"，dawuz "大门"，därwaza "大门"，adäm "人"，dada "父亲"，döt "傻瓜"，düšänbä "星期一"，sadda "天真"，dässä- "踩"，dügüläk "圆的"，domula- "滚动"等。

t：舌尖中塞音，送气的清辅音。发音时舌尖顶住上齿龈，然后突然离开，同时气流冲破阻塞，声带不振动。在词首和词中实现为送气音 tʰ，在音节末实现为不送气的 t。如 atʰa "父亲"，tʰal "柳树"，latʰa "布"，tʰöːt "四"，tʰut- "抓"，tʰeri- "种"，qärt "扑克"，tʰaːt- "拉" 等。

g：舌面后塞音，浊辅音。发音时，舌根抬起，紧贴软腭，然后突然打开，同时气流冲出，声带振动。如 gum "水深处"，gugum "黄昏"，gülä "杏干"，gas "聋子"，gača "哑巴"，göš "肉"，gir "磅秤"，giːri "吝啬"，tögä "骆驼"。在音节末实现为擦音 γ。如：tüγmä "扣子"，tüγmän "磨坊"，öγzä "屋顶" 等。

k：舌面后塞音，清辅音。发音要领与 g 相同。处于词首时有送气特征。如 kapki "喋喋不休的人"，kaski "喋喋不休的人"，kün "太阳"，kala "牛"，naːkäs "卑鄙的"，ämyäk "劳动"，köčät "树苗"，köč- "搬家"，küč "力量"，käč "晚上"，öškä "山羊"；处于音节末时实现为擦音 ç。如 tüç "毛"，mäçtäp "学校"，säçsän "八十"，žüräç "心脏" 等。

q：小舌塞音，清辅音。发音时，舌根上台，紧靠小舌，构成阻塞，然后突然打开，同时气流冲出，声带不振动。在词首实现为送气，在音节末实现为小舌清擦音 x。如 qan "血"，qašaŋ "迟钝"，qara "黑色"，qän "方糖"，qiš "冬天"，saqal "胡子"，qulup "锁子"，pox（<poq）"粪"，ox（<oq）"子弹"，ux-（<uq-）"明白"，ax（<aq）"白色"，yumšax（<yumšaq）"软的"，qalax（<qalaq）"落后"，sax（<saq）"健康的" 等。

x：小舌擦音，清辅音。舌根接近小舌而造成空隙，摩擦成音，声带不振动。如 xät "信"，xizmät "工作"，xälq "人民"，xam "生的"，toːxa "鸡"，tuxum "鸡蛋"，dixan "农民" 等。

γ：小舌擦音，浊辅音。舌根接近小舌而造成空隙，气流通过该缝隙摩擦成音，声带振动。如 γaz "鹅"，γäzäp "愤怒"，γitmäk "女里女气的男人"，doγap "冰酸奶"，soγuq "冷的"，γunčä "花苞"，yaγač "木头"，seγiz "黏土"，taγ "山"，tiγ "刀刃" 等。

s：是舌尖擦音。发音时，舌尖前伸，靠近上齿背，构成小缝隙，气流通过缝隙摩擦而出，声带不振动，是清辅音。如 nesi "赊账"，neri "离远点"，saːwaš "脑子有病"，seriq "黄色"，is "烟"，mis "铜"，esil "宝贵的"，saman "麦草"，sanduq "箱子"，sapal "陶器"，sapan "梨"，samsa "烤包子" 等。

z：舌尖擦音，发音要领与 s 相同，只是声带振动，是浊辅音。如 meγiz "果仁儿"，zal "礼堂"，zire "耳环"，zaγun "苏子"，ziyir "胡麻"，zaraŋza "红花"，zämbil "抬把子"，azadä "宽敞的"，γäzäp "愤怒"，az "少"，saz

"乐器"，maz "粗俗谐谑的"，zuwula- "剂子"，zuwan "声音"，zoŋzay- "蹲"，zawal "黄昏、日落时分"等。

š：舌叶擦音，清辅音。发音时，舌尖和舌叶向上抬起，靠近上齿龈后部和硬腭前部，构成小缝隙，气流通过缝隙摩擦而出。如 šapaq "瓜皮"，šäpkä "帽子"，šam "蜡烛"，paša "蚊子"，aš- "超越"，taš "石头"，qaš "眉毛"，yaš "眼泪"，maš "绿豆"，daš "大锅"，šaš "顽皮"，šöm "吸吮"，haša:(r) "劳役"等。

ž：舌叶擦音，浊辅音。发音要领与 š 相同。只是舌叶和硬腭之间的摩擦更重些，且声带振动。如 žip "线"，žil "年"，baž "税务"，miž-miž "熙熙攘攘"，piž-piž "嘶嘶"，waž-waž "吱吱"，žiriŋ "脓液"等。

j：舌叶塞擦音，不送气的浊辅音。发音要领与 č 相同。如 jan "性命"，ja "假"，jirim "树苗"，jin "鬼"，äjir "功劳"，änjür "无花果"，ajiz "弱小"，juwaz "油坊"，jiq "多"；音节末实现为擦音 ž，如 taž（<taj）"王冠"，baž（<baj）"税务"，kaž（<kaj）"固执"等。

č：舌叶塞擦音，清辅音。发音时，舌尖和舌叶上抬紧贴上齿龈后部和硬腭前部，构成阻塞，气流冲破阻塞，摩擦而出。有时具有送气特征。出现在以清辅音开头音节末或清化元音的后续位置时实现为擦音 š。如 čoŋ "大"，čapan "上衣"，čiraq "灯"，ača "姐姐"，širimdan（<čirimdan）"刚结冻的冰"，čaš（<čač）"头发"，aš（<ač）"俄"，iš-（<ič-）"喝"等。

n：舌尖中鼻音，发音时舌尖顶住上齿龈，形成阻碍，气流由鼻腔泄出，是浊辅音。如 nan "馕"，nam "姓名"，nas "嚼烟"，san "数字"，namaz "礼拜、乃玛孜"，ini "弟弟"，qan "血"，noɣay "水瓢"等。

m：双唇鼻音。发音时双唇闭拢，气流由鼻腔泄出，浊辅音。如 mä:sä "内套鞋"，qumuš "芦苇"，umaš "面糊"，simiz "胖的"，sim "铁丝"，mayda "零钱"，maydila- "找零"等。

ŋ：舌面后鼻音，浊辅音。发音时，舌根贴软腭，形成阻碍，气流由鼻腔泄出。ŋ 不出现在词首，只出现在音节末尾或词中音节的开头。如 oŋ "右"，öŋ "颜色"，äŋ "最"，aŋ "思维"，sätäŋ "风骚美女"，sazaŋ "蚯蚓"，badaŋ "草围子"，kadaŋ "老练的"，maŋ- "走"，qašaŋ "迟钝"，yeŋi "新的"等。

r：舌尖颤音。发音时舌尖靠近上齿龈，软腭上升，鼻腔通道关闭，舌尖反复颤动而发出声音，声带振动。音节末经常脱落。如 rät "次序"，räpräp "有气无力，破烂儿"，ras "真的"，räŋ "颜色"，resim "画"，räis "主席"，rawan "流畅"，taraza "秤"，qeri "老的"，qirtaq "苦涩"，tä:(r) "汗水"，ä:(r) "男人"，yä:(r) "地"等。

l：边音，浊辅音。发音时舌尖顶住上齿龈，气流由舌的两边泄出。出

现在 γ、s、m 前时经常脱落。如 lola "狡猾"，tal "柳树"，sol "左"，qol "手"，lata "布"，köl "湖"，yol "路"，öl- "死"，ülüš "份儿"，gül "花"，tala "外面"，bala "孩子"，qi:(l)γan "做过"，a:(l)sa "若拿" 等。

y：舌面前擦音。发音时，舌面前部抬高，口微开，双唇向两边舒展，声带振动，有轻微摩擦。如 yäŋ "袖子"，yaman "厉害"，ay "月亮"，tayaq "棒子"，öy "房子"，äy "成活"，oy "洼地"，say "河谷"，sayaq "浪子"，yapsala- "合缝"，yeliŋ "单细"，yat "外人"。在有些词的音节首和音节末有时实现为 ž。如 už（<uy）"耕牛"，žil（<yil）"年"，žit-（<yit-）"撕开"，quž-（<quy-）"倒入" 等。

h：在词首和音节首表现为浊擦音 ɦ，在词和音节末表现为清擦音 h。发音时舌根向后靠，咽头肌肉紧缩，气流从肺部呼出时，从喉壁的缝隙经过摩擦发出声音，声带不振动。如 ɦaya "耻辱"，ɦayat "生命"，ɦär "每一个"，ɦikayä "故事"，ɦör "自由"，ɦür- "辟邪"，ɦor "蒸汽"，ɦasa "拐杖"，ɦäsäl "蜂蜜"，ähwal "情况"，gunah "罪孽" 等。

三　辅音的特点

维吾尔语书面语的有些辅音在乌什话里与另外一些辅音交替。具体如下：

（一）y 和 ž 的交替

书面语有些词的词首和词中出现的 y 音在乌什话中与 ž 音交替。例如：

书面语	乌什话
yil "年"	žil
yilan "蛇"	žilan
yüräk "心脏"	žüräk
buya "苦豆子"	buža
qiyan "洪水"	qižan
yeriq "缝隙"	žiriq
yür- "走"	žür
yiγin "会议"	žiγin

（二）w 和 g 的交替

在书面语词中出现的一些 w 音在乌什话变成 g 音，词首出现的 w 保留不变。例如：

书面语	乌什话
juwaz "油坊"	jugaz/juwaz
juwa "棉袄"	juga/juwa
yawaš "老实"	yugaš/yawaš

乌什话中 w 与 g 交替的现象不像吐鲁番和哈密方言那么有规律，w 与 g 交替的词也不像柯坪土语那么多。这种交替现象在乌什话中仅在个别词里出现，而且两种形式同时使用。与中心方言区的吐鲁番、哈密次方言不同的是，乌什话中没有词首的 w 交替成 g 的现象。例如：

书面语	乌什话	柯坪话	吐鲁番话
yawaš "老实"	yawaš	yagaš	yugaš
aywan "前廊"	aywan	haygan	—
zädiwal "墙布"	zädiwal	zädigal	zädigal
awu "那个"	awu	agu	dagu
wädä "诺言"	wädä	wädä	gädä
wapa "信义"	wapa	wapa	gupa

（三）词尾 d，g 与 t，k 的交替
书面语音节末的 d，g 在乌什话中变成 t，k。例如：

书面语	乌什话
bäg "伯克"	bäk
kitab "书"	kitap
šarab "果汁甜酒"	šarap
azad "解放"	azat
ijad "创造"	ijat

（四）词首 b 与 p 的不稳定性
有些词中，处于词首的 b 和 p 可以相互交替，两种发音形式同时存在。例如：

书面语	乌什话
buraq "味道"	puraq/ buraq
pürkä- "盖上"	bürkä- / pürkä-
pura- "发臭"	bura- / pura-

（五）词首元音 ö 与 ü 的交替

乌什话中，第一音节中的 ö 音多发音为 ü 音。例如：

书面语	乌什话
örük "杏子"	ürük
töwän "下面"	tüwän
özüm "我自己"	üzäm
közüm "我的眼睛"	küzüm

（六）词首元音 o 与 u 的交替

乌什话中，第一音节中的 o 音多发音为 u 音。例如：

书面语	乌什话
orun "位置"	urun
sola- "关起来"	sula-
otun "木柴"	utun
oyun "游戏"	uyun

（七）e 和 i 的交替

乌什话中，第一音节中的 e 音经常发音成 i 音。例如：

书面语	乌什话
sewät "篮子"	sivät
terip "捡起"	ti:rip
mewä "水果"	mivä
terä "皮肤"	tirä

（八）y 和 d 的交替

在个别词中，处于词首的有些 y 音与 d 音交替。例如：

书面语	乌什话
yumula- "滚动"	domula-
yumulaq "圆的"	domulaq

（九）j 和 ž 的交替

音节末的 j 一般变成 ž，偶尔变成 y。例如：

书面语	乌什话
mäjlis "会议"	mäžlis, mäylis
kaj "固执"	kaž
taj "王冠"	taž
xäjlä- "消费"	xäžlä-
baj "税务"	baž
ilaj "办法、措施"	ilaž

（十）词尾的 h

书面语中的词中和词尾的 h 在乌什话中不发音。此时，h 前的元音变成长元音。例如：

书面语	乌什话
gunah "罪孽"	guna:
mähällä "村落"	mä:llä
ähwal "情况"	ä:wal
taharät "小净"	tä:rät
bahanä "理由"	ba:na

（十一）词首 k 的发音

在喀什话中，个别词中词首的 k 变成 č，而在乌什话中 k 音保留不变。有些人受喀什话的影响，喜欢把 k 发成 č。例如：

书面语	乌什话	喀什话
kim "谁"	kim	čim
kigiz "毛毡"	kiγiz	čiγiz
kir- "进"	kir	čir

（十二）音位换位

乌什话的个别词中发生音位换位现象。例如：

书面语	乌什话
ayɣir "公马"	arɣiy
länät "诅咒"	nalät

四　音节结构音节类型

（一）音节

词由一个或几个音节构成，而音节则由一个或几个音组成。元音可以单独构成音节，而辅音不能单独构成音节。

元音是维吾尔语音节的标志，一个词里有几个元音，它就有几个音节。如 u "他"（一个音节），tirišcän "勤奋的"（三个音节），saät "小时"（两个音节）等。维吾尔语音节没有声调。划分音节的基本方法：

1. 两个元音之间的辅音划入第二个音节。如 a+pa=apa "妈妈"，tar+qaq=tarqaq "分散的"，mu+äl+lim=muällim "老师" 等。

2. 两个元音之间若有两个辅音，前一个辅音划入前一个音节，后一个辅音划入后一个音节。如 ap-tap "阳光"，toq-quz "九"，iš-läp-či-qi-riš "生产" 等。

3. 两个元音之间若有三个辅音，其中的前两个辅音划入前一个音节，后一个辅音划入后一个音节。如 dost-luq "友谊"。

4. 两个元音不能出现在一个音节里，如果在一个词中有相继的两个元音，第二个元音划入后一个音节。如 sa-ät "小时"，tä-bi-ät "自然"，mu-äl-lim "老师"，ša-ir "诗人"，še-ir "诗歌" 等。

除此之外，在一些阿拉伯语借词中，在音节末辅音后出现的元音划入下一个音节，要与前面的辅音分开来读。如 in'-am "赏金"，sür'-ät "速度"，jür'-ät "勇气" 等。

（二）音节类型

乌什话中几个辅音连在一起出现的情况比较少见。一个音节中连着出现的几个辅音叫辅音丛，即辅音丛是在同一个音节中两个或两个以上的相邻的辅音组合在一起的序列。从组合数量来看，乌什话的辅音丛主要是两个辅音的连缀。从这个意义上讲，乌什话的辅音丛一般指的是两个辅音，即复辅音。它是在同一音节中处于同一紧张增强或紧张减弱阶段上的两个辅音的组合。书面语中三个或三个以上辅音的连缀在乌什话中不存在。

一般，把乌什话中的音节结构类型可以归纳为 V 型、VC 型、VCC 型、CV 型、CVC 型、CVCC 型和 CCVC 型。CCVC 型出现在借词中。前六种类型在乌什话中常见，后一种类型则少见。

V 型：只由一个元音构成的这种音节类型比较少见。如 u "他，她，它"。

VC 型：at "马"，aq "白色"，oq "子弹"，uq- "明白"，uč "飞"，ät-"做"，aγ- "裤裆"，äg- "弯曲" 等。

VCC 型：ast "下面"，üst "上面"，bäst "身材" 等。

CV 型：su "水"，dä- "说"，yä- "吃"，al- "拿"，il- "挂"，is "烟"，üs- "顶撞"，us- "盛"，ös- "长"，as- "挂"，äs "记忆"，aš "饭"，äš-"揉" 等。

CVC 型：tal "柳树"，qil- "做"，mis "铜"，yäš- "松开"，yaš "泪"，qaš "眉毛"，bäl "腰部" 等。

CVCC 型：dost "朋友"，xälq "人民"，post "果皮"，pärq "区别"，sürt-"擦" 等。

CCVC 型：这种组合只出现在俄语借词中。如 gram "克"，traktor "拖拉机"，transport "运输" 等。

（三）复辅音的实际发音

1. 一般处在紧张增强阶段相连的辅音在实际发音中有时中间加入元音，有时不加。如书面语中的 gradus "度"，gram "克"，kran "吊车"，krist "十字架" 等在乌什话中可以发成 gïradus, gïram, kïran, kïrist 等。

2. 处在紧张减弱阶段上相连的辅音发音时中间不添加元音。如 talant "天才、才能"，oblast "州" 等。

另一种情况是：处在紧张减弱阶段上的复辅音，凡有以下情况，实际发音中不会脱落：

（1）有鼻音 n 和塞音 t 构成的复辅音不脱落。如 sikont "秒"，parlamint "议会"，änt "誓言" 等。

（2）由半元音 y 和塞音 t 构成的复辅音不脱落，如 heyt "穆斯林的节日"，tarayt "变窄"，qayt "回去" 等。

此外，处于紧张减弱阶段的复辅音在发音中，凡遇见以下情况则可以脱落一个。例如：

（3）由擦音 s 和塞音 t 构成的复辅音，其中的 t 可脱落，也可不脱落。如 krist "十字架"，oblast "州"，post "哨兵" 在乌什话中发成 kris, oblas 和 pos。

（4）由颤音 r 和塞音 t 组成的复辅音，在实际发音中有些词中的 r 可脱落，有些词的不可脱落。如 šärt "条件"，sort "品种" 和 qorq "怕" 中 qorq 可以发成 qo:q，但 šärt 和 sort 中的 r 不能脱落。

（四）重音

具有两个音节以上的词，其中一个音节要读得重一些，长一些。重读的音叫做重音。重音分为词重音和语句重音。乌什话中，重音以语句重音为主。乌什话里词的重音位置比较固定，一般都落在最后一个音节上。乌什话里词的重音一般没有区别意义的功能。如 qa'paq "葫芦", aš'liq "粮食", ya'man "厉害" 等。

但是重音不一定总是落在最后一个音节上，有时为了表示强调，重音可以落在第一音节上。如'äŋ yaxši "最好的", 'intayin čirayliq "非常漂亮的", 'qap qara "乌黑的" 等。

在乌什话中，构成重音的主要音素是音强，音强跟音色、音长、音高都有关系。

乌什话中语句重音一般落在句尾，而这个重音也比较突出，尤其在疑问句中情况更为如此，具有突然性。这种特征使乌什话与阿克苏地区的其他方言土语区别开来。例如：

Dadam nägä kät'ti? "我爸爸去哪儿了？"

Öydiki išla(r) tügidi'mu? "家里的事完了吗"

Tönügün šä:gä kirip göš äčiqtim. "我昨天去市里买肉回来了"

有时为了强调主体，重音可以移到句子的其他部位上。例如：

'Män ätä ba'ray. "我明天去吧。"

'Ätä män ba'ray. "明天我去吧。"

要更明确地揭示和描述乌什话的重音特征，需要专门用实验语音学的方法进一步做实验和验证，这样才能全面了解维吾尔语方言土语中的区别性特征。

五　语音和谐规律

维吾尔语中词根或词干与附加成分相互结合时，语音之间一般要在发音特征上相互适应，即相互和谐。语音和谐导致言语中的语音变体较书面语更丰富和多样。语音和谐有元音和谐和辅音和谐。

（一）元音和谐规律 A

元音和谐规律有舌位和唇状和谐两类，即元音的舌位状态和唇状态要协调一致。

1. 前元音和前元音的和谐

ä-ä	säwzä "胡萝卜"	bädän "身体"	täskäy "阴面"	ä:käk "男人"	säkrä- "跳"
ä-ü	mäyüs "沮丧的"	däyüz "下贱坯子"	tümän "一万"	säzgür "敏感的"	kültük "儿童便池"
ü-ü	üzüm "葡萄"	süzük "清澈"	büšük "摇篮"	čüškün "消沉的"	müšük "猫"
ü-ä	mürä "肩膀"	püla- "吹"	ügän- "学习"	gürän "腮"	tütäk "雾气"

续表

e-ä	herä "黄蜂"	terä "皮肤"	tezäk "粪便"	teräk "树"	
e-i	yeriq "缝隙"	petiq "泥巴"	qeriq "苦涩"	beγiš "手腕"	qetiq "酸奶"
i-ä	mišäk "弹壳"	išäk "毛驴"	pi:sä "白皮肤病"	bidä "苜蓿"	kišnä- "马叫声"
i-i	qisiq "斜眼"	kirpik "睫毛"	mijiq "窝囊废"	γidiq "发痒"	bidik "牙行"
ö-ä	böräk "肾脏"	ö:däk "鸭子"	ötnä "借"	söznäk "性病"	čöčäk "小碗"
ö-ü	ömür "生涯"	tömür "铁"	kömür "煤"	ögüz "屋顶"	örüm "辫子"

2. 后元音和后元音的和谐

a-a	paqa "青蛙"	tala "外面"	šamal "风"	tayaq "棒子"	saraŋ "傻瓜"	yalaŋ "单薄的"	da:waz "走绳的人"
a-u	qanjuq "母狗"	tawuz "西瓜"	dawuz "大门"	yawuz "邪恶的人"	altun "金子"	a:mut "梨"	sawut "铠甲"
o-a	xoraz "公鸡"	jombaq "丑八怪"	obdan "好"	molla "毛拉"	toxmaq "棍子"	yoγan "大的"	o:sa "浇水"
o-u	toqquz "九"	ottuz "三十"	doxtur "医生"	moxurka "莫合烟"	boγuz "饲料"		
u-a	buγa "鹿"	buγday "小麦"	qumčaq "蝌蚪"	tumaq "皮帽子"	buža "苦豆子"	žumulaq "圆的"	tuman "雾"
u-u	bulbul "百灵鸟"	tumučuq "旋木雀"	tutuq "阴沉的"	učuq "晴朗"	bulut "云"		

3. 展唇元音和展唇元音的和谐

taγlix "山里人"，bašlix "领导"，ataγlix "著名的"，axsuluq "阿克苏人"，öylük "成家的人"，ayaxlar "一些鞋子" 等。

（二）元音和谐规律 B

1. 最后一个音节里有前元音 ä、ö、ü 的词，要结合带有前元音的附加成分；有后元音 a、o、u 的词，要结合带有后元音的附加成分。例如：

öy-yä "向家里"	kitap-lar "一些书"
köl-dä "在湖里"	bala-lar "孩子们"
gül-yä "向花"	qol-da "在手里"
üzüm-dä "在葡萄藤"	qoγun-da "哈密瓜里"
adäm-lär "人们"	qäläm-lär "一些笔"
čöl-yä "向沙漠"	kitap-lar "一些书"

2. 最后一个音节里有元音 o、ö、u、ü 的词，要结合带圆唇元音的附加成分，有元音 a、ä、e、i 的词，要结合带有非圆唇元音的附加成分。例如：

qol-um "我的手"	köŋül-üŋ "你的心里"
orun-uŋ "你的位置"	baγ-iŋ "你的院子"
köz-üŋ "你的眼睛"	söz-üm "我的话"
asman-im "我的天空"	däptär-im "我的本子"

3. 最后一个音节以元音 i 组成的多音节词结合附加成分时，如果前音节的元音是前元音，就要结合带前元音的附加成分；如果是后元音，就要结合带后元音的附加成分。例如：

kadir-lar "干部们"	oquγuči-lar "学生们"
alim-γa "向阿里木"	tarix-ta "历史上"
jäŋčĭ-yä "给战士"	räsim-dä "画上"

4. 以 e、i 组成的带有 k、g 音的词要结合带有前元音的附加成分；不带 k、g 的音要结合带有后元音的附加成分。如：

til-da "语言里"	gezit-lär "一些报纸"
etiz-da "田里"	yil-lar "一些年"
kim-lär "谁"	qiz-lar "姑娘们"
teräk-lär "一些树"	kiγiz-lär "一些毡子"

有些词不按此规则变化。例如：

biz-dä "在我们"	bilim-γä "向知识"
siz-dä "在您"	ilim-γä "向知识"

（三）辅音和谐规律

词的构成及变化中，词干末的辅音和附加成分中的辅音在发音部位和发音方法上要相互协调一致。这叫辅音和谐律。

1. 一般情况下，浊辅音结尾的词后加浊辅音开头的附加成分。例如：

aldi-m "我拿了"

xotän-dä "在和田"

yaz-duq "我们写了"

žiqil-di "他摔倒了"

清辅音结尾的词后加清辅音开头的附加成分。例如：

käš-tä "晚上"

žirax-ta "在远处"

etiš-ti "他们彼此交火"

as-tim "我挂了"

päs-kä "往下面"

2. g、γ 结尾的词与附加成分的结合方法

以 γ、g 结尾的词不结合 γ、g 开头的附加成分，而要与清辅音 q、k 开头的附加成分结合，同时读的时候词末尾的 g 清化为 k，γ 清化为 q。如：

baγ＋qa=baqqa "向园子"

bäg＋kä=bäkkä "向伯克"

六　语音的变化

（一）元音的变化

1. 半低元音的高化

在乌什话中，除一部分词外，词干后加附加成分时重音要后移。原词干变为或保持开音节时单音节词中的半低元音 a、ä 发生高化，即变成高元音 i 或半高元音 e，或者变成央元音。例如：

tam "墙"	temi "他的墙"
xäritä "地图"	xäritimu "连地图"
süpürgä "扫把"	šupürgimu "连扫把"
parta "桌子"	partisi "他的桌子"
kälmä- "没来"	kälmigän "没来的"

词干后需加附加成分，原词干保持闭音节时 a、ä 不高化。例如：

saät "钟表"	saätmu "连钟表也"	saiti "他的钟表"
kitap "书"	kitapmu "连书也"	kitiwi "他的书"
tam "墙"	tammu "连墙也"	temi "他的墙"

2. 清化

i、u、ü 等三个元音出现在清辅音前面时发生清化。例如：

书面语	乌什话
ištan "裤子"	i̇štan
it "狗"	i̇št
pit "虱子	pi̇št
čiš "牙齿"	či̇š
uq- "明白"	u̇q-
ut- "赢"	u̇t-
üst "上面"	ṳst
tük "毛"	tṳk
tütün "烟"	tṳtṳn
pütün "整个"	pṳtṳn

3. 脱落

双音节词中元音 i、u、ü 的脱落

有些以辅音结尾的第二个音节含有 i、u、ü 的双音节词，当附加以元音起首的附加成分，并且重音后移时 i、u、ü 脱落，元音的脱落在书面语和口语中一致。例如：

orun "位置"	orni "他的位置"
isim "名字"	ismim "我的名字"
oɣul "儿子"	oɣli "他的儿子"
ömür "生命"	ömrüŋ "他的生命"
näsil "后代"	näsli "他的后代"
qisim "部分"	qismi "他的部分"
höküm "判断"	hökmi "他的判断"
mülük "财产"	mülki "他的财产"
köŋül "心里"	köŋli "他的心里"

4. 增音

以复辅音结尾的词里，复辅音中间增加相应的元音。例如：

书面语	乌什话
ökünč "懊悔"	ökünüš
γärb "西边"	γärip
šärq "东边"	šäriq
xulq "脾气"	xuluq
turq "身材"	turuq
tinč "平静"	tinič
hösn "美貌"	hösün

（二）辅音的变化

1. č 读为擦音 š

当 č 处在音节或词的末尾，结合以辅音开头的附加成分时，č 读为擦音 š。例如：

书面语	乌什话
yaγač-či "木匠"	yaγašči
küč-lük "有力的"	küšlük
käč-tä "在晚上"	käštä
üč-lär "三位"	üšlär
qač-ti "他逃了"	qašti
uč-ti "它飞了"	ušti

2. 同化

辅音的同化现象可以归纳为如下：

	书面语	乌什话
nm-mm	yanmidi "没燃烧"，qanmidi "没满足"，ünmidi "没长出来"	yammidi, qammidi, ümmidi
nl-:l(ll)	pilanla- "图谋"，bizmanliq "黄昏"，ünlük "大声地"	pilalla-, bizmalliq, üllük
ny-yy	on yaš "十岁"，yan yär "边上"，dan yä- "吃谷粒"	oyyaš, yayyä, dayyä-
ts-ss	satsa- "若卖"，patsa- "若容纳"，yatsa- "若躺下"	sassa-, passa-, yassa-
zs-ss	qazsun "他去掘吧"，yazsa- "若写"，bäzsä- "若厌恶"	qassun, yassa-, bässä-
pb-pp	elip bär- "拿去"，selip bär- "投放"，quyup bär- "倒进"	eppä-, seppä-, qužuppä-
γq-qq	baγqa "向果园"，tuγqan "亲戚"，taγqa "向山"	baqqa, tuqqan, taqqa
gk-kk	tügkän "打结了的"，bägkä "向伯克"，tägkän "接触了的"	tükkän, bäkkä, täkkän

	书面语	乌什话
šs-ss	tašsa- "若溢出"，ašsa- "若超越"，qošsa- "若添加"	tassa, assa, qossa
čs-ss	ačsa- "若打开"，učsa- "若飞"，köčsä "若搬"	assa, ussa, kössä
xq-qq	šaxqa "对树枝"，däräxkä "向树"，dozaxqa "往地狱"	šaqqa, däräqqä, dozaqqa
čš-čč	tijarätči "生意人"，bilätči "售票员"，siwätči "编篮子者"	tijaräčči, biläčči, siwäčči

具体讲，辅音同化现象可以分为如下几种：

① 全部同化

s 音完全同化前面出现的发音部位与其相似的 z、č、š、t。例如：

书面语	乌什话
qat-sa "如果添加"	qassa
yaz-sa "如果写"	yassa
qoš-sa "如果添加"	qossa
ač-sa "如果打开"	assa
iš-siz "没有工作"	issiz
aš-sa "如果超过"	assa
kät-sä "如果回去"	kässä

此外，l 完全同化前面出现的 n；m 完全同化前面出现的 l。例如：

书面语	乌什话
al-maymän "我不拿"	ammaymän
sal-maysän "你不放"	sammaysän
qal-maymän "我不留"	qammaymän
čal-maymän "我不弹"	čammaymän
kälgän-lär "已来的那些"	kä:gällär
täminläš "提供"	tämilläš
burun-la "早就"	burulla
orun-la "执行"	orulla
aran-la "才……"	aralla

② 部分同化

n 有时受其后面出现的双唇塞音 b 的影响，变成 m。有时 n 受其后面出现的 γ 的影响，变成 ŋ。例如：

书面语	乌什话
onbir "十一"	ombir
šänbä "星期六"	šämba
onbäš "十五"	ombäš
yäkšänbä "星期天"	yäkšämbä
yanγa "往边上"	yaŋγa
sanγa "对数字"	saŋγa
nanγa "对馕"	naŋγa
janγa "对生命"	jaŋγa
iščanγa "对勤奋的人"	iščaŋγa
yoγanbaš "大脑袋，笨"	yoγambaš
ištanbaγ "裤腰带"	ištambaγ
yanpaš "髋"	yampaš
činpüt "相信"	čimpüt
xunpär "混蛋"	xumpär

③ 后退同化

全部同化和部分同化属于后退同化。例如：

书面语	乌什话
alma "苹果"	amma
kälmä- "别来"	kämmä
bolma "不当"	bomma
mänmu "我也"	mämmu
sänmu "你也"	sämmu
samanliq "草房"	samalliq

3. 弱化

音节末 q 弱化为 x。例如：

书面语	乌什话
uqtur-"通知"	uxtur
siqma-"别挤"	sixma
saqči "警察"	saxči
aqsu "阿克苏"	axsu
aq saray "白宫"	ax saray
aqtu "阿克陶"	axtu

以 q 结尾的词后加人称附加成分或-liq/-lik 附加成分时，q 弱化为 γ。例如：

书面语	乌什话
čatiqim "我的问题"	čatiγim
qiziqi "它的趣味"	qiziγi
qiriqi "洗礼婆"	qiriγi
qandiqi "哪一种"	qandiγi
turaqliq "固定的"	turaγliq
quruqluq "陆地"	quruγluq

baš，baγ 与其他词结合时，词中的 b 弱化成 v。例如：

书面语	乌什话
bälbaγ "裤腰带"	bälvaγ
bäŋbaš "淘气鬼"	bäŋvaš
yeŋibaštin "重新"	yeŋivaštin
kökbaš "嫩玉米"	kökvaš
gülbaγ "古力巴格"	gülvaγ
mozaybeši "蟋蟀"	mozayveši

音节末的 j 弱化成 ž。例如：

书面语	乌什话
xäjlä-"花"	xäžlä
ijtimai "社会的"	ižtimai
gäjgä "脖颈"	gäžgä

书面语	乌什话
gäj "石膏"	gäž
mäjbur "不得不"	mäžbur
säjdä "叩首跪拜"	säždä
kaj "固执的"	kaž
baj "税务"	baž
taj "王冠"	taž

音节末的 č 弱化为 š。例如：

书面语	乌什话
köčmäk "搬家"	köšmäk
ičmäk "喝"	išmäk
učturpan "乌什县"	ušturpan
ačpaqa "饿死鬼"	ašpaqa
čač "头发"	čaš
käč "晚上"	käš

4. 清化与浊化

① 浊辅音 b、d 的清化

以浊辅音 b、d 结尾的词后加清辅音开头的附加成分时，b、d 分别变成 p、t。例如：

书面语	乌什话
kitab-qa "对书"	kitapqa
kitab-tin "从书"	kitaptin
tänqid-kä "对批评"	tänqitkä
doklad-tin "从报告"	doklattin

② k、q、p 的浊化

以清辅音 k、q、p 结尾的多音节词结合人称附加成分时，p 浊化为 w、q 浊化为 γ、k 浊化为ɣ。例如：

书面语	乌什话
mäktäp+i=mäktipi "他的学校"	mäktivi
yataq+i=yatiqi "她的宿舍"	yatiɣi
čiläk+iŋ=čilikiŋ "你的水桶"	čiliɣiŋ

但此项规则不是绝对的，有些词可以不按此规则变化。例如：

书面语	乌什话
sinip-i "他的教室"	sinipi
äxlaq-i "他的道德"	äxlaqi

另外，有些以 b 结尾的多音节词结合人称附加成分时一般读作 v。例如：

书面语	乌什话
kitab+imiz=kitabimiz "我们的书"	kitivimiz/kitavimiz
inqilab+i=inqilabi "他们的革命"	inqilavi

5. 增音

以元音开头的有些词的词首增加 h 音，清化元音后增加 š 音。例如：

书面语	乌什话
ošuq "踝骨"	hošuq
it "狗"	išt
pit "虱子"	pišt
ikki "二"	iški
äjäp "惶惑好奇"	häjäp
äqil "智慧"	häqil
äläq "脏的"	häläq
ittik "快速"	ištik
ürkü "惧怕"	hürkü

以辅音结尾的词后缀加人称附加成分时中间增加 r 或 y 音。例如：

书面语	乌什话
imla "拼写法" +im（第一人称从属成分）	imlarim
imza "签名" +si（第三人称从属成分）	imzari
polu "抓饭" +im	polurum
därya "河" +iŋ（第二人称从属成分）	däryariŋ
su "水" +im	süyüm
oqya "箭" +im	oqyarim

6. 减音

一些浊辅音，如 r、l、y、h 等出现在音节末时一般脱落，结果前面的元音相对变长。例如：

书面语	乌什话
orɣaq "镰刀"	o:ɣaq
tarɣaq "梳子"	ta:ɣaq
yärgä "往地上"	yä:gä
bardi "他去了"	ba:di
beɣirräŋ "赤褐色"	beɣiräŋ
kälgän "已来的"	kä:gän
alsun "他拿吧"	a:sun
qaysi "哪一个"	qa:si
quyruq "尾巴"	quruq
gunah "罪孽"	guna:
taharät "小净"	tä:rät
töhmät "诽谤"	tö:mät
ähwal "情况"	ä:wal
dehqan "农民"	di:xan
mehman "客人"	mi:man
ärz "申诉"	ä:z
qärz "债务"	qä:z

除此之外，词尾出现的复辅音中脱落一个辅音。例如：

书面语	乌什话
qäst "图谋"	qäs
dost "朋友"	dos
mušt "拳头"	muš
qänt "方糖"	qän

7. 换位

个别词中存在换位现象。例如：

书面语	乌什话
ayɣir "公马"	arɣi
älgäk "筛子"	ägläk
qiblä "穆斯林礼拜的朝向"	qilwi

第二章 词汇

乌什话的词汇主要由同共同书面语和其他方言土语一致的词汇组成。此外，也有为数不多的一些特殊词汇。如 čom 原来指的是驴背上的软鞍子，后来意义演变成妓女或者脸皮后的女人。mayda 原指 mäydä "胸部"，后来意义演变为零钱，变动词后意为找零钱。

当前乌什话的主要借词源语是汉语。近些年来，乌什话中的汉语借词不断增加，这主要与双语教育的不平衡性以及母语教育的受限有关。其他外语借词主要通过电视、收音机和网络等媒体进入书面语，然后再被本地话接受。

一 与文学书面语共同的词

乌什话的绝大多数词汇都是为维吾尔语的其他方言土语和书面语所共有的，因为乌什话在地理位置上处于中心方言中的中心位置，所以我们可以说其词汇是维吾尔语中心方言的有机组成成分。由于该地区居住着从邻近的柯坪县迁徙过来的大量人口，在乌什话中可以看到柯坪话的一些痕迹。

乌什话中表示手工艺品、农产品、园艺等方面的词汇非常丰富。其中，很多概念有几种说法，有些词也有好几种形式。本人在调查过程中力所能及地搜集相关词汇和语料，可惜大部分具有本地特色的语料未能获得，此外，一些语料在写作过程中被省略掉，希望后人进一步继续研究。在此将它们简单梳理，以供读者参考。根据其特点，我们可以将这些词汇简单地归纳为以下几种类型。

1. 有关农业领域的词汇：乌什县的大部分维吾尔人世世代代从事传统农业，产生了有关农业的丰富术语。这些术语中的大部分与书面语相同，少部分具有本地色彩。这方面的词汇主要有：

änjä (önjä) "禾堆"	arpa "大麦"
asqaq "耙子"	bašaq "谷穗"
bölä "未脱粒的麦草堆"	boqusa "木犁"
boranča "风机"	buɣday "小麦"

gürjäk "铁锹"	härä "锯子"
iskinä "锥子"	jijiɣuč "种地前划地造沟的农具"
jotuŋ "镢头"	katil "一种农具"
kätmän "坎土曼"	kewäz "棉花"
kötičäk "茬子"	kürjäk "铁锹"
läš "水藻"	löjä "水上漂浮的杂物"
möŋgän "秸"	oraq "树梢"
otiɣuč "锄头"	oɣaq "镰刀"
palaŋ "秆、秸"	palta "斧头"
paqa yotqini "水上漂浮的杂物"	pasaŋ "秧秆"
paxal "禾秸"	paxta "棉花"
qara buɣday "黑麦"	qiči "菜籽"
qiltiriq "棘、刺"	qonaq "玉米"
qošqapaq "裹着小麦的双层皮"	qoyan "光糠"
rändä "刨子"	šakal "粕"
šal "水稻"	šamalča "风机"
saman "麦草"	soqa "步犁"
söräm "耢、耙、耱"	täräktur "拖拉机"
taraš "树梢"	teriq "糜子"
tirna "钉耙"	toluq "磙"
wašaŋda "拉秧"	xaman（ximan）"麦场"
yalpuz "薄荷(唇形科)"	ziɣir "胡麻"
ziraät "作物"	etiz "农田"
binäm yär "旱田"	čönäk "垄沟"
taxta "一块地"	jaŋgal "灌木林"
dala "野外"	tüzläŋlik "平地"
taɣ "山"	döŋlük "土丘"
edir "丘陵"	töpilik "土墩"
sayliq "石滩"	šeɣilliq "砾漠"
qoram taš "巨石"	šexil taš "砾石"
taš "石头"	čimliq "草坪"

otlaq "草坪"	yaylaq "草原"
qum döwiliri "沙丘"	barxan "沙丘"
ya(r) "断崖"	ya(r)daŋliq "雅丹地形"
siltisiy "硅"	čaqmaq taš "火石"
eriq östäŋ "渠道"	östäŋ "河渠"
taš östäŋ "石河"	därya "大河"
deŋiz "海"	okyan "大洋"
öŋkür "山洞"	γar "山洞"
tüšük "洞"	kömür "煤"
jotän "焦炭"	šaxar "煤渣"
otun "木柴"	čilčuq "烧火用的木柴"
su "水"	köl "湖"
kölčäk "小湖"	quduq "井"
basma quduq "压井"	turba "自来水"
bulaq "泉"	aršaŋ "温泉"
köwrük "桥"	kečik "渡口"
in (haywan uwilaydiγan yär) "洞穴"	purčaq "豆"
gazir "瓜子"	attappäräs "向日葵"
maš "绿豆"	kalmaš "大豆"
girtmaš "一种豆"	yaγmaš "油炸豆儿"
qonaq "玉米"	mädäk "（玉米）的棒子"
aqqonaq "白玉米"	seriqqonaq "黄玉米"
kömmäqonaq "高粱"	šal "水稻"
gürüč "水稻"	gül "化"
čičäk "花"	häsäl "蜂蜜"
iskinä "錾子"	burma "螺丝钉"
miq "钉子"	bolqa "锤子"
biläy "磨刀石"	qozuq "桩子"
ilγa "钩儿"	žiŋlä "针"
žip "线"	……

2. 蔬菜类：一些蔬菜的名称同时采用本语词汇和汉语借词。汉语借词主要通过书面语进入乌什话。这方面的词汇主要有：

ašküki "香菜"	bäsäy "白菜"
yeswiläk "白菜"	čamγur "恰麻古"
čäyzä "茄子"	pidigän "茄子"
čiŋsäy "芹菜"	kawa "南瓜"
laza "辣椒"	pa:läk "菠菜"
pämidor "西红柿"	piyaz "葱"
samsaq "大蒜"	säwzä "胡萝卜"
šuxula "西红柿"	turup "萝卜"
xaŋgo "黄瓜"	tärxämäk "黄瓜"
yaŋyo "土豆"	bäräŋgä "土豆"
žumγaqsüt "香菜"	γolpiyaz "大葱"
künjüt "芝麻"	siyadan "黑种草"
turup "萝卜"	küdä "韭菜"

3. 水果类：在农村，一般每个维吾尔族家庭都有或大或小的果园，种植果树已变成全民性习惯。因此在维吾尔语中对各种果树有非常丰富的称呼法。这方面的词汇主要有：

algirat "李子"	aluča "黑李"
alma "苹果"	anar "石榴"
änjür "无花果"	badam "巴旦木"
banan "香蕉"	biyä "榅桲"
büljürgän "草莓"	čilan "红枣"
čilgä "早熟瓜"	gilas "樱桃"
jigdä "沙枣"	jinästä "地樱桃"
köksultan "樱桃李"	näšpüt "香梨"
piläk "藤子"	qaraürük "酸梅"
qoγun "甜瓜"	šaptul "桃子"
soyma "生瓜"	tawuz "西瓜"
toyač "光桃"	ürük "杏"
üžmä "桑葚"	üzüm "葡萄"
xämäk "小瓜"	yaŋaq "核桃"

对一些常见果树的分类：

jigdä "沙枣" 的品种：qaγa jigdä，qušqašjigdisi，yimiš jigdä，qapaq jigdä

näšpüt "香梨" 的品种：qapaq näšpüt，yazliq näšpüt，milli näšpüt，amut，qotor amut

šaptul "桃子" 的品种：äššaptul，yaγliq šaptul，toγač，qaq

ürük "杏" 的品种：sämät ürük，kuča ürük，kälpin xuwaynisi，xuwayna，miršo，aq ürük，qara γazaŋ，aq nawat，qizilqača，marjan ürük，tüklük ürük，čoŋ sämät，kičik sämät，gülä，xoma，qaq

üzüm "葡萄" 的品种：munaqi üzüm，aq üzüm，soqaüzüm，qizil saywaγ，kišmiš，quruq üzüm

4. 有关林业方面的词汇：乌什维吾尔人非常注重绿化环境，因此到了乌什就可以看到大片森林。这与本地人热爱绿色，热爱保护环境的精神分不开。一些树、草种类在其他地区可能没有。这方面的词汇主要有：

adrasman "哈美骆驼蓬"	čiwiq "树条"
aq teräk "白杨树"	aqtikän "白刺"
arča "柏树"	azγan "野蔷薇"
čakanda "麻黄"	jirim "树秧"
nota "树苗"	qälämčä "树条"
qariqat "醋栗"	qariγay "松树"
qaγinäk "一种野草"	tikän "刺"
yantaq "骆驼草"	yilim "树胶"
ziriq "小檗"	žulγun "红柳"
γazaŋ "树叶"	qarayarač "榆树"
aqqiyin "白杨树"	suwadan "钻天杨"
bambuk "竹子"	akatsiyä "槐树(豆科)"
tal "旱柳"	sögät "柳树(杨柳科)"
mäjnuntal "垂柳"	orman "森林"
ormanliq "林地"	däräx "树"
teräk "树"	däl-däräx "树林"
yopurmaq "树叶"	yiltiz "树根"
yan yiltiz "边根"	šax "树枝"
šax-šumba "树枝"	putaq "（树木的）节子"
potla "树滴"	qowzaq "树皮"
kamar "树洞"	por "空了心的"
šoxa "棘、刺"	bix "芽儿"

sögät "柳树(杨柳科)"的品种：qara sögät，sayiwän sögät，yärsögät

5. 有关身体部位方面的词汇：身体部位名称与书面语基本一致。这方面的词汇主要有：

aɣiz "嘴"	alqan "手掌"
ämčäk "乳房"	ašqazan "胃"
ägir teqim "腿弯子"	barmaq "指头"
baš "头"	bäl "腰"
bädän "身体"	beɣiš "关节手腕"
biläk "手臂"	boyan "脖子"
böräk "肾"	buljuŋ göš "肌肉"
buɣdiyäk "喉结"	burun "鼻子"
burut "胡子"	čaš "头发"
čiš "牙齿"	dümbä "后背"
eziq "臼齿"	gača "哑巴"
gal "脖子"	gas "聋子"
gädän "颈"	gäžga "颈"
göš "肉"	hušuq (ošuq) "踝骨"
iŋäk "下巴"	jäsät "尸体"
jäynäk "肘"	jigär "肝"
kalpuk "嘴唇"	kanay "嗓子"
kikidäk "喉咙"	kindik "肚脐"
kirpik "睫毛"	köksi "胸怀"
köz "眼睛"	közniŋ eqi "眼白"
közniŋ göhiri "眼珠子"	köznuri "眼珠子"
kukula "垂髻"	mäŋiz "脸面"
mäydä "胸脯"	maŋlay (čaš yapqan yär) "额头"
maŋqa "鼻涕"	maqal "唇下胡子"
muskul "肌肉"	mürä "肩膀"
niyaz čač (balisi turmiyanlarɣa qoyilidiɣan üč-töt tal čač, qizlarniŋ čeči sekiläk diyilidu) "头上的一小撮头发"	öläk "尸体"
öpkä "肺"	öt "胆"
pačaq "腿"	paqalčäk "小腿"

pataŋ "脖颈"	päy "肌腱"
pišanä "额头"	poqaq "大脖子病"
put "脚"	qan "血"
qaŋša(r) "鼻梁"	qapaq "眼皮"
qäqäš "疮痂"	qarčuq "眼珠子"
qarɣu "瞎子"	qaš "眉毛"
qizil öŋgäč "喉咙"	qoŋ "肛门"
qo(r)saq "肚子"	qol "手"
qulaq "耳朵"	saɣra "臀部"
saqal "胡须"	sekiläk "小辫子"
siŋir "筋"	söŋgäč "臀部"
süŋäk "骨头"	tä(r) "汗水"
tal "脾"	tapan "脚掌"
taɣaq "肩胛骨"	teqim "腿弯子"
til "舌头"	tirä "皮肤"
tirnaq (timaq) "指甲"	tiz "膝盖"
topča "乳头"	toqquzköz "荐骨"
tük "毛"	tumur "动脉"
ustixan "骨头"	üčäy-qerin "肚肠"
yaš "眼泪"	yilik (žilik) "骨髓"
yota "大腿"	yüz "脸"
zaŋaq "面颊"	žüräk "心脏"
ɣol "肩膀"	maŋqa "鼻涕"
qäqäč "疮痂"	osuraq "放屁"
yäl "气，放屁"	poq "大便"
nijasät "污秽"	gändä "大粪"
kala poqi "牛粪"	

对一些部位的细分：

čaš "头发" 的类型：čoqqa, arqa, maŋlay, aldimaŋlay, maŋlay, pišanä

barmaq "手指头" 的名称：čoŋ barmaq, uššaq qol, bašmadaq, bigizqol, otturaqol, namsiz, čimčilaq, bäšqol, isimsiz barmaq

barmaq "脚指头" 的名称：putbarmaq，bäšbarmaq

6. 有关动物牲畜方面的词汇

adäm "人"	arɣimaq "骏马"
aslan "小猫"	at "马"
ayɣir "公马"	eɣil "马厩、牲畜栏"
baška "小鸽子"	baytal "母马"
belijan "鱼苗"	beliq "鱼"
biyä "母马"	börä "狼"
botilaq "驼羔"	buqa "公牛"
buɣa "鹿"	buɣra "公驼"
čarwa "牲畜"	čašqan "老鼠"
čikätkä "蟋蟀"	čüjä "小鸡"
dämdä(r) "鹁鸽"	duldul "飞马"
haŋga "公驴"	haywan "动物"
häläp "饲料"	hiŋgan "母驼"
inäk "母牛"	išäk "毛驴"
išt "狗"	kala "牛"
kučuk "小狗"	kusuk "发情的母狗"
mada (midä) "母驴"	mäkyan "母鸡"
mal "牲畜"	mal-čarwa "牲畜、家畜"
mayaq "动物粪粒"	maymun "猴子"
mozay "牛犊"	oqur "草料槽"
ot "饲料"	ödäk "鸭子"
öškä "山羊"	ow "猎"
owči "猎人" ow owlaš "打猎"	oɣlaq "山羊羔"
paqa "青蛙"	pom "喂骆驼的面团"
poq "粪便"	qanjuq "母狗"
qarišqa (qiyišqa/ qiyišqi) "狼"	qama "水獭"
qečir "骡子"	qisir "空胎的"
qotan "家畜栏"	qotaz (ärkäk) "公牦牛"
qumčaq "蝌蚪"	saman "饲料"

šašqan "老鼠"	šir "狮子"
siyir "奶牛"	täxäy "驴驹"
tay "马驹"	tayčaq "小马驹"
taylaq "不满两岁的驼羔"	timsax "鳄鱼"
tiyin "松鼠"	tizäk "牛马的粪"
topaq "两岁公牛犊"	topaz(čiši) "母牦牛"
tülkä "狐狸"	tulpar "天马，飞马"
tuxa "鸡"	ulaq-qara (ulaqqari) "力畜"
xoraz "公鸡"	yäm-xäšäk "饲料"
yilpiz "猎豹"	yolwas "老虎"
γaz "鹅"	γonjun(ikki yašliq kala) "两岁牛犊"

对一些动物的细分：

at "马"：arγiy "公马"，baytal "母马"，tay "马驹"

kala "牛"：buqa "公牛"，γunjun "两岁牛犊"，inäk "母牛"，topaq "两岁公牛犊"，mozay "牛犊"，uy (už) "犍牛"

qoy "羊"：qošqa(r) "公羊"，saγliq "母羊"，qoza "羊羔"，paxlan "羊羔"，mayaq (qoy poqi) "羊粪"，tizäk (išäkpoqi) "驴粪"，qiγ "粪肥"，äxlät-čawa "垃圾、杂肥"，šaxina "稀屎"，žin "食糜"

öškä "山羊"：särkä "带头的公山羊"，täkä "公山羊"，oγlaq "山羊羔"，järän "黄羊"

toxu "鸡"：xoraz "公鸡"，mäkyan "母鸡"，čüjä "小鸡"，qirγol "野鸡"，tuxum "鸡蛋"，tuxum kakilidi "下鸡蛋"

išt "狗"：kučuk "小狗"，tayγan "猎狗"，qanjuq "母狗"，boynaq "白脖子狗"

išäk "毛驴"：haŋga "公驴"，mada (medä) "母驴"，täxäy "驴驹"

qečir haramγa kiriđu. "骡子属于不可食用的动物"

toŋguz "猪"：čošqa "猪"，kučuk "猪崽子"，mikijin "母猪"

7. 有关日常生活的词汇

bänduŋ "凳子"	kosa "凳子"
čado "菜刀"	čamdan "旅行箱"
čaška "茶杯"	čiläk "水桶"

续表

činä "碗"	čot "砍砍"
därwaza "大门"	das "盆"
derizä "窗户"	dyänši "电视"
tilwizor "电视"	ediš "水缸"
išik "门"	iškap "柜子"
istakan "水杯"	ištan "裤子"
jawur "盆儿"	üstäl "桌子"
käkä "砍砍"	köŋläk "裙子"
kö:pä "褥子"	britwa "刀片"
küp "缸"	orunduq "椅子"
ötük "靴子"	palta "斧头"
paypaq "袜子"	pičaq "刀子"
piyalä "小碗"	pramka "门窗"
puŋza "盆儿"	qälämturaš "小刀"
qiŋraq "菜刀"	qošuq "羹匙"
quduq "井"	pänjirä "百叶窗"
rumka "酒杯"	sanduq "箱子"
šiji "洗衣机"	kir'alɣu "洗衣机"
täkiy "小枕头"	täxsä "盘儿"
topläy "女鞋"	tuŋ "桶"
yastuq "枕头"	yopka "裙子"
yotqan "被子"	žiŋlä "针"
žip "线"	sewät "筐子"
kat "床"	karwat "床"
joza "桌子"	širä "桌子"
täxsä "盘子"	čömüč "水瓢、铲子"
koyza "筷子"	čoka "筷子"
čaydan "暖瓶"	čäynäk "水壶"
jinčiraq "油灯"	lampa "煤油灯"
qaračiraq "油灯"	kišäk "土砖块"
xiš "砖块"	qanat "一扇门"
pramka "门窗"	pram "门窗"

续表

tam "墙"	ram "窗户"
torus "天花板"	bosuɣa "门槛"
tapsa "下脚地"	tör "上座"
päga "下席"	päšxun "案板"
dastixan "餐布"	supur "面单子"
supra "面单子"	halqa "门钩儿"
qulupa "锁子"	qaɣatumšuq "门扣儿"
kanar "边、侧"	ilmäk "钩儿"
ilɣa "钩儿"	ögüz "屋顶"
tünlük "天窗"	šota "梯子"
idiš "水缸"	čogun "水壶"
nugay "水瓢"	sapliq "水瓢"
čaydan "热水瓶"	čäynäk "茶壶"
qapaq "葫芦"	

对一些日常用语的细分：

märkäz "中央"，aptonom rayon "自治区"，oblast "州"，wilayät "地区"，naːyä "县"，yeza "乡"，känt "村"，mähällä "组"

nan "馕"：yüzi očuq nan，girdä nan，čipitnan，širmän nan，toqač，qonaq nan，zaɣra，hämäk nan，žit，poškal，quymaq

büšük "摇篮" 的不同部位：jak，kültük，uda，uš yögäk，qol tatqa，buqunča，šümäk

8. 方位词

aldi "前"	arqa "后"
oŋ "右"	sol "左"
jänup "南"	šärq "东"
šimal "北"	ɣärp "西"

对方位词的不同说法：

šärq=künčiqiš，šimal=küngäy，ɣärp=künpetiš、qiblä，jänup=täskäy

töwini=šärq，yuqirisi=ɣärp

9. 形容词

čoŋ "大"	kičik "小"
igiz "高"	päs "矮、下边"
paka(r) "矮"	töwän "下边"
nepiz "薄"	yalaŋ "单、薄"
yeliŋ "薄"	yuqqa "薄"
yupqa "薄"	qelin "厚"
simiz "胖"	ätlik "胖"
uruq "瘦"	uzun "长"
qisqa "短"	kaltä "短"
kötä "短"	toluq "满"
köp "多"	jiq "多"
awun "多"	nuryun "多"
az "少"	käm "少"
tüz "直"	ägri "弯"
qara "黑"	aq "白"
qizil "红"	yešil "绿"
eɣir "重"	yinik "轻"
yäŋgil "轻"	qattiq "硬"
čiŋ "结实、硬"	puxta "结实"
yumšaq "软"	yeŋi "新"
kona "旧"	aččiq "苦的"
tuzluq "咸的"	aččiq-čüčük "酸的"
tatliq "甜的"	issiq "热"
qiziq "热的、烫的"	soyuq "冷的"
muzdäk "冰冷的"	yoɣan "大的"
tom "粗"	iŋiškä "细的"
inčikä "细的"	täŋ "平等"
barawär "平等"	qoqunčaq "胆小鬼"

10. 有关饮食方面的词汇

süt "奶"	pišlaq "奶酪"
qurut "奶疙瘩"	qetiq "酸奶"
süzmä "奶渣"	qaymaq "奶油"
tuxum "蛋"	haraq "酒"
piju "啤酒"	piwa "啤酒"
ya:ma "酸麦芽糊"	

11. 有关服饰的词汇

halqa "耳环"	biläyzük "手镯"
üzük "戒指"	zirä "耳坠、耳环"
ayaq "鞋"	basnuška "女鞋，高跟鞋"
mäsä "内套鞋"	tošay "拖鞋"
topläy "皮鞋"	čuxäy "布鞋"
xäy "布鞋"	kalaš "套鞋"
ötük "靴子"	qonja "�靿"
sirtma "拉锁"	pašna "鞋跟"
apqut "（皮鞋后跟面子与里子之间的）衬皮"	na:l "鞋铁掌"
taqa "马蹄铁"	

对一些服饰的细分：

paypaq "袜子"：mäsä-kalaš，paypaq mäsä

paypaqqa nal qaqqandäk iš qilmaq "画蛇添足"

yopka "裙子"：pütün köŋläk "长裙"，köŋläk "裙子"

čapan "外套"：mayka "T 恤"，gaŋsarjuwa "皮袄"，juga "皮袄"，jilitkä "马甲"，mäydämčä "小孩马甲"

yaɣliq "头巾"：posma "小孩的帽子"，romal，ličäk，hijap，abayi

doppa "帽子"：šäpkä "男人帽子"，doppa "无边帽"，badam doppa，čimän doppa，tumaq "皮帽"，qalpaq，tälpäk，tumaq，qulaqča，bök，šapaq doppa，olpaq，dolpaq，

ištan "裤子"：šänko，kusar，kalta ištan，gača ištan，uzun ištan

ma(r)jan "珠子"，zänjir "链子"，bulapka "项链"

12. 有关亲属称为和人际关系的词汇

bowa "爷爷"	čoŋ dada "爷爷"
moma "奶奶"	čoŋ ana "奶奶"
čoŋ apa "奶奶"	apa "妈妈"
ana "妈妈"	dada "爸爸"
ata "爸爸"	ača "姐姐"
yäŋgä "嫂子"	siŋil "妹妹"
ini "弟弟"	uka "弟弟妹妹"
dost "朋友"	adaš "朋友"
aɣinä "朋友"	xotun "女人"
ayal "女人"	jörä "爱人"
yoldaš "爱人"	aka "哥哥"
hammača "姨妈、姑姑"	bala "孩子"
pärzänt "孩子"	näwrä "孙子"
äwrä "重孙"	čäwrä "曾孙"
tuqqan "亲戚"	uruq-tuqqan "亲戚"
jämät "家族"	taɣa "叔叔、舅舅"
äždat "祖先"	ata-bowa "祖先"
jäddä-jämät "祖祖辈辈"	qeynata "岳父"
qeynana "岳母"	kelin "儿媳妇"
küyoɣul "女婿"	jiyän "侄子"
qäbilä "部落"	čoŋ "大"
otturanji "中"	kičik "小"
tunji "第一个"	kanji "最小的"
muällim "老师"	oqutquči "老师"
šagi(r)t "学生"	ustaz "教师"
usta "师傅"	ustam "师傅"
oquɣuči "学生"	är "男人"
boytaq "单身汉"	tul xotun "寡妇"
tul är "寡男"	žitim "孤儿"

13. 行为动作：

uxla "睡觉"	yat "躺"
yä "吃"	ič "喝"
kül "笑"	žïɣla "哭"
tur "站"	yügür "跑"
ač "开"	har "累"
qorq "害怕"	hürkü "受惊"
qo:q "怕"	aɣri "疼"
tuɣ "生、分娩"	bošan "分娩"
öl "死"	yap "关闭"
yaz "写"	aŋla "听"
sözläš "说话"	muŋdaš "聊天"
paraŋlaš "聊天"	čüš kör "做梦"
čüšä "做梦"	gäp qil "说话"
sözlä "说话"	naxša eyt "唱歌"
usul oyna "跳舞"	yiqil "摔倒"
toqi "编结"	sal "放进"
tinmaq "呼吸"	tilla "骂"
ur "打"	ädäplä "揍"
sawdimaq "抽、揍"	čeqiliš "碎"
buzuš "破坏"	yüdüš "驮、背"
üzüš "拉断"	iliš "挂"
tartiš "拉"	tašlaš "扔"
čüšürüp qoyuš "掉东西"	beriš "去"
eliš "拿"	tikiš "缝衣"
yamaš "补衣"	ečiš "开"
etiš "关闭"	kesiš "切"
učuš "飞"	uyatmaq "害羞"
xijil bolmaq "害羞"	burimaq "扭转"
ügätmäk "教"	ötnä eliš "借"
qärz eliš "借钱"	qayturuš "还"
körüš "看"	huzurliniš "欣赏"

tamašša qiliš "看热闹、欣赏"	zoqliniš "欣赏"
qisiš "挤压"	silaš "摸"
sipaš "摸"	satmaq "卖"
öltürüš "杀死"	köydürüš "烧火"
qaqlaš "烤"	yalaš "舔"
ittiriš "推"	türtüš "推"
soraš "问"	yuyuš "洗"
kolaš "挖"	qeziš "挖掘"
puraš "嗅"	čeqiš "打碎"
čišläš "咬"	qaynitiš "烧水"
biliš "知道"	qädäm tašlaš "迈步"
dässäš "踩"	muštlaš "拳打"
qoruš "炒"	qaynaš "烧"
sančiš "刺"	tiqiš "扎进"
qiliš "做"	uwilaš "搜搜"
uwa seliš "筑巢"	čaŋgilaš "筑巢"
čaŋga salmaq "筑巢"	mügdä "瞌睡"
ügdä "瞌睡"	änsiräš "担心"
xošal boluš "高兴"	olturup qopuš "起来"
örä turuš "站立"	juguruš "跑步"
qosaq ačti "肚子饿"	herip kät "累"
čöčüp kätmäk "受惊"	maydilaš "找零钱"
parčilaš "找零钱"	zämbil toqumaq "编制抬把子"
kiyim kiymäk "穿衣服"	šapkä salmaq "脱帽子"
bulapka asmaq "挂项链"	üzük salmaq "戴戒指"

14. 数词：

bir "一"	iški "二"
üč "三"	töt "四"
bäš "五"	altä "六"
yättä "七"	säkkiz "八"
toqquz "九"	on "十"

yüz "百"	miŋ "千"
onmiŋ "万"	yüzmiŋ "十万"
milyon "百万"	milyart "十亿"

15. 有关自然的词汇：

asman "天空"	yä(r) "地"
kün "太阳"	ay "月亮"
yultuz "星星"	bulut "云"
häsän-hüsän "彩虹"	čaqmaq čeqiš "打闪"
hawa güldürläš "打雷"	tuman "雾"
bahar "春天"	ätiyaz "春天"
yaz "夏天"	küz "秋天"
qiš "冬天"	šamal "风"
boran "暴风"	salqin "凉快"
šäbnäm "露水"	qiro "白霜"
bozqoro "白霜"	yamɣur "雨"
tola "冰雹"	möldür "冰雹"
šiwirɣan "暴风雪"	judun "风雨"
jut "风雪灾害"	hawa "天气"
ot "火"	su "水"
muz "冰"	topa "土"
tupraq "土地"	čaŋ "灰尘"
tozan "灰尘"	kül "灰"
čučula "没有烧尽的木柴"	ot-čöp "草"
däl-däräx "树林"	taš "石头"
altun "黄金"	kümüš "白银"
tümür "铁"	tuz "盐"
känt "村"	yeza "乡"
öy "房屋"	ailä "家庭"
qaqasliq "荒地"	qumluq "沙漠"
čöl "荒漠"	čöl-jäzir "戈壁滩"
bayawan "荒漠"	

16. 社会和宗教方面的词汇：维吾尔语的很多宗教概念在汉语中没有对应的词。即使汉语有相应的词，也不能表达与维吾尔语相同的概念。比如维吾尔语的 jin 和汉语的"鬼"指完全不同的概念，其他概念也是如此。

puxra "平民"	molla "毛拉"
damolla "大毛拉"	imam "伊玛目"
mäzin "宣礼员"	mä:čit "清真寺"
mehrap "龛座"	wäxpä "公地"
namaz "乃马子"	qilwä "西边"
qiblä "西边"	musulman "穆斯林"
mömin "穆民"	täqwa "虔诚"
säjdä "叩首跪拜"	ruku "做礼拜时躬腰"
jäynamaz "礼拜毯"	ka:pir "非穆斯林"
baxši "巫师"	da:xan "巫师"
pirixon "房中"	din "宗教"
islam "伊斯兰教"	xiristiyan "基督教"
muxlis "信徒"	pir "大师、祖师、长老"
jin "鬼"	böbö "鬼"
mäŋgü "永远"	äbädiy-äbät "永远"
waqit "时间"	tuyuqsiz "突然"
tasadibi "偶然"	alwasti "恶魔"
šäytan "撒旦"	šayatun "撒旦"
diwä "魔鬼"	iblis "撒旦、恶魔"
dö-pirizat "妖魔鬼怪"	päryštä "天使"
allah "真主、安拉"	xuda "真主、胡大"
ilah "神"	täŋri "神"
pärwärdigar "主"	pirä "跳神"
äzan "宣礼"	sällä "缠头布"
baxši (jin čepilip qalɣanlarɣa pirä oquydu) "巫师"	jinkäš "驱鬼的巫师"
daxan "房中、巫师"	rämbal "算命者"
palči "占卜者"	jamaät "民众"

17. 拟声词：

pil-pil "闪闪"	wal-wal "忽闪"
qi-qi-qiq "鸡叫声"	wayjan "哎哟"
wayyäy "啊哟"	myaw-myaw "猫叫声"
mäh-mäh "唤狗声"	püš-püš "唤猫声"
yäh-yäh "唤鸽子声"	tü-tü "唤鸡声"
čuk-čuk "唤小鸡声"	dutt-määä "唤羊声"
čïg-čig mä "唤山羊声"	mö (kala) "牛叫声"
čö-čö mö (mozay) "唤牛犊声"	γat-γat "鸭叫声"

对一些动物的叫法：
xit, čuh, čah (išäk) "赶毛驴声"
dirt, dirt-čuh, dih (at) "赶马声"
čok (tögä) "叫骆驼躺下"
täsä (išäkkä putini kötär) "叫毛驴抬脚"
taka (kalini putini kötär) "叫牛抬脚"
18. 颜色：

qara "黑"	aq "白"
qizil "红"	yešil "绿"
seriq "黄"	sösün "紫色"
žulγun čičiki "粉红"	tuxum seriqi "蛋黄"
hawaräŋ "天蓝色"	kök "蓝色"
beγirräŋ "褐色"	jigärräŋ "肝褐色"

19. 人体特征：

gača "哑巴"	gas "聋子"
paŋ "聋子"	qarγu "瞎子"
kor "瞎子"	ä:ma "瞎子"
alγay "斜眼"	paŋqay "斜眼"
jittaq "疤瘌眼"	päpäy "说话磕磕巴巴的人"
kikäč "口吃的"	äläs "斜眼"
tokor "瘸子"	čulaq "缺一只手的"

aqsaq "瘸子"	paläč "瘫痪的"
pučuq (burni kämtük) "鼻子有缺口的"	panaq "塌鼻子"
yapma qapaq "单眼皮"	qiyšaq "斜眼"
qisiq köz "眯缝的"	säpkün "雀斑"
daɣ "斑点"	čičäk "天花"
dorday kalpuk "厚纯者"	čunaq (quliqiniŋ yerimi yoq) "缺耳者"
mältük "说话慢吞吞的人"	tötö "说话快得口吃"
eziqčïš "白齿"	utturčïš "门牙"
irsaŋčïš (čïššaŋ) "獠牙"	toŋkäyčïš "龅牙"
hiŋgalčiš "龅牙"	maymaq "弯的" "瘸腿"

20. 时间：

päsil "季节"	yaz "夏天"
tomuz "炎夏"	küz "秋天"
qiš "冬天"	zimistan "严冬"
qähritan "严冬"	ätiyaz "春天"
bahar "春天"	kökläm "春天"

对时间词的分类：

ay "月"	yanwar "一月"
fewral "二月"	mart "三月"
april "四月"	may "五月"
iyun "六月"	iyul "七月"
awɣust "八月"	sintäbir "九月"
öktäbir "十月"	noyabir "十一月"
dekabir "十二月"	žil "年"
bu yil "今年"	ötkän yil "往年、去年"
bultur "去年"	kilär yil "明天"
isän yil "后年"	isängä "后年"
kün "日子、天、太阳"	bügün "今天"

续表

tönügün "昨天"	ülüškün "大前天"
birnökün "前天"	ätä "明天"
ögün "后天"	indin "大后天"
häptä "周"	düšänbä "周一"
säyšänbä "周二"	čaršänbä "周三"
päyšänbä "周四"	jümä "周五"
azna "周五"	šänbä "周六"
yäkšänbä "周日"	kün olturdi "日落"
šam "日落时分"	zawal "日落时分"
gügüm "暮色"	käc "傍晚"
kičä "晚上"	axšam "晚上"
tün "夜里"	ätigän "早上"
sähär "凌晨"	käčqurun "傍晚"
yerim kičä "半夜"	waqit "时间"
čaγ "时间"	

21. 量词：

mitir "米"	či "尺"
gäz "档子"	γulač "庹"
γerič "指距"	suyam "指距"
čaräk γerič "四分之一指距"	čaräk suyam "四分之一指距"
čaqirim "里"	kilometir "公里"
jiŋ "斤"	kilo "公斤"
sär "两"	misqal "钱"
kürä "斗"	giram "克"
1 sär=10 giram	1 misqal=5 giram

22. 本地词语：

äŋgizä "然后"	undin kiyin "然后"
birnänčidin "第一"	ikkinänčidin "第二"
seqima "谣言"	kisäl "病人"

aɣriq "病人"	bimar "病人"
doxtur "医生"	sestira "护士"
tiwip "医生"	aččiq "苦的"
tatliq "甜的"	aččiq-čüčük "酸的"
qirtaq "苦的"	lawza "淡而无味的"
čüčümäl "酸的"	tuzluq "咸的"
tuzsiz "淡的"	šakirap "咸的"
kigiz "毛毡"	širdaq "花毡"
täŋlimat "大花毡"	giläm "地毯"
palaz "毯子"	ädiyal "毛毯"
zädiwal "墙围子"	aq öy "毡房"
kigizöy "毡房"	čedir "毡房"
intayin "非常"	nahayiti "非常"
bäk "非常"	päwquladdä "格外、非常"
mutläq "绝对"	jäzmän "一定"
oxšaš "一样"	birdäk "一致"
xuddi "犹如"	goya "犹如"
čünki "因为"	üčün "为了"
artuq "多余"	här "每"
mu "也"	hää "是的"
šundaq "是的"	xop "好的"
ämäs "不是"	yaq "不"
bolmaydu "不行"	päqät "仅仅"
bolidu "可以"	wä "和"
häm "和"	bilän "和"
biraq "但是"	ämma "但是"
lekin "但是"	nawada "如果"
mubada "如果"	ägär "如果"
küsäy "掏火棍"	laxšigir "火剪"
zix "火钩"	etiško "火钩"
učaq "炉灶"	tonor "馕坑"
mäš "炉子"	kanäy "烟囱筒"
dut "（馕坑下面的）通风口；烟气"	dapxun "（馕坑下面的）通风口"

äski urušqaq xutun ärsiz qalur
hurun dixan yärsiz qalur
"脾气坏的、好斗的女人嫁不出去，懒惰的农民失去土地。"

dap "手鼓"	dutar "都塔尔"
tämbur "坦布尔"	rawap "热瓦普"
γijäk "额杰克"	iskiropka "小提琴"
garmun "手风琴"	akardiyon "手风琴"
čaŋ "扬琴"	hikayä "短篇小说"
powest "中篇小说"	roman "长篇小说"
näsir "散文"	axya "阿赫雅"
ačitaγ "阿恰塔格"	yaköwrük "雅科瑞克"
axtoqay "阿克托海"	imamlirim "伊麻目乡"
yeŋiawat "英阿瓦提"	yamansu "牙满速"
otbeši "奥特贝希"	dixan "农民"
säypuŋ "裁缝"	mašiniči "裁缝"
tikküči "裁缝"	tümürči "铁匠"
mäšči "炉匠"	tünükiči "箍桶匠"
rimuntči "修理工"	yaγaččï "木匠"
yamaqči "修补工"	mozdoz "鞋匠"
ašpäz "厨师"	naway "烤馕的人"
baγwän "园丁"	oqutquči "老师"
muällim "老师"	dora "药"
dora-därmäk "调料、药剂"	qäläm "笔、钢笔"
mobi "毛笔"	moyqäläm "毛笔"
qerindaš "铅笔"	gaŋbi "钢笔"
räŋ "墨水"	siyah "墨水"
simtanap tüwrük "电线杆"	stolba "电线杆"
xada "小杆材"	tüwrük "柱"
badir "竿子"	

二 借词

乌什话的借词就如书面语和其他方言土语，主要借自汉语、阿拉伯语、波斯语和俄语。当前的借词源语主要是汉语，由其他语言借词的情况少见。大部分汉语借词都有相应的本语词。阿拉伯语、波斯语和俄语借词通过书面语进入口语，早已定形。例如：

汉语借词：dyänši "电视"，šiji "洗衣机"，bänduŋ "板凳"，koyza "筷子"，täyšaŋ "铁锹"，jotän "焦炭"，liŋdäy "林带"，lidäy "里带"，tuŋ "桶"，puŋza "盆子"，päyso "派出所"，šimpinjiŋ "身份证"，čuxäy "球鞋"，dadüy "大队"，šodüy "小队"，šaŋjaŋ "县长"，zoŋli "总理"，zoŋtoŋ "总统"，dašö "大学"，pa:yän "法院" 等。

阿拉伯语借词：ma:lim "老师"，žitim "孤儿"，jä:mät "家族"，äždat "祖先"，jäddä-jämät "家族"，γärp "西边"，šärq "东边"，šimal "北边"，jänup "南边"，musulman "穆斯林"，mömin "穆民"，täqwa "虔诚的穆斯林"，säjdä "叩头"，mä:zin "宣礼员"，mä:čit "清真寺"，mehrap "龛座"，wäxpä "公地"，salat "礼拜"，qilwä "西边"，töwä "忏悔" 等。

波斯语借词：xaman "麦场"，ustixan "骨头"，därwaza "大门"，derizä "窗户"，piyalä "小碗"，čarwa "牲畜"，täxäy "小驴"，midä (mada) "母驴"，qečir "骡子"，xoraz "公鸡"，gäp "话"，jaŋgal "灌木林"，bahar "春天"，šäbnäm "露水"，däräx "树"，zawal "黄昏时刻"，šamal "风"，boran "风暴"，namaz "礼拜" 等。

俄语借词：botka "小卖部"，rumka "酒杯"，kamandiropka "出差"，čamdan "箱子"，tilwizor "电视"，goroy "彪悍"，xuligän "地痞、流氓" 等。

这些借词已融入本语词汇，不再被视为外来词，并被人们广泛接受。

三 构词结构

根据词的结构特征，乌什话的词就如书面语，可分为根词、派生词、凝固词、组合词、双合词等。

（一）根词

只由一个语素构成的词。如 taš "石头"，tom "粗的"，yan "边儿"，ana "母亲"，čoŋ "大的"，dada "爸爸"，kala "牛"，gomuš "傻瓜"，däldüŋ "笨" 等。

（二）派生词

根词加构词附加成分构成。如 uqutquči "老师"，zä(r)gär "金匠"，pirixun "巫师"，güllük "花园"，yaŋaqliq "核桃园"，quγunluq "瓜田"，bäγräz "粗

鲁不雅的", bättam "索然寡味"等。

构词附加成分多用后缀, 前缀一般来自波斯(伊朗)语。如 **na**märt "不讲义气的", **bi**täläy "没有运气的", **bät**niyät "黑心、心肠坏的", **där**hal "马上", **na**tayin "不一定", **bät**buy "臭气", **na**toɣra "错误的"等。

(三)凝固词

由词或词组凝结而形成的固定词汇单位。如 axunum "阿訇", kündä "每天", häqqidä "关于", qariɣanda "看来", birdin "突然", yeŋivaštin "重新", hä:däp "极力, 大肆", diɣänbilän "虽然如此", alliqandaq "不知怎样地", alliqačan "已经", äytawur "可能"等。

(四)组合词

具有偏正或主谓关系的词组合而成词汇单位。如 ašqazan "胃", qizilköz "骗子", bälvaɣ "腰带", qizilgül "红花", müšükeyiq "熊猫", axsaqal "长者", šašqanšäpäräŋ "蝙蝠", ätiyaz "春天", künčiqiš "东方", töɣiquš "鸵鸟", ašpaqa "馋嘴", čölpaqa "馋嘴"等。

(五)双合词

两个同位部分成对而成的词汇。双合词分为以下几种:

1. 有联系的两个词成对形成, 在意义上揉合而表达一个新的词汇意义。如 etiz-eriq "农场地", däptär-qäläm "学习用具", kätmän-tišaŋ "农活用具", yüz-köz "面孔", eɣiz-vurun "嘴巴周围", qulum-qošna "邻居"等。

双合词中的两个词在意义上有这样几种关系:(一)同义关系。如 pütmäs-tügimäs "无穷无尽的", därt-äläm "痛苦", urup-soquš "推来推去", qayɣu-häsrät "悲痛", därt-muŋ "痛苦"等。(二)同类关系。如 däptär-qäläm "学习用具", qaš-qapaq "眉目", put-qol "四肢", čač-saqal "胡须", aš-nan "饮食"等。(三)反义关系。如 astin-üstün "上下", aq-qara "黑白", igiz-päs "高低", qeri-yaš "老小", aldi-bärdi "经济往来", käldi-kätti "来往"等。

2. 一个词重复而形成的双合词。如 čap-čap "牛市", čikim-čikim "小花卉纹", tal-tal "粒儿粒儿", temim-temim "一滴一滴", bas-bas "座无虚席"等。

3. 相互组合的两个词中有一个不能单独运用。它们相互结合后双合词的意义范围扩大。如 bala-čaqa "家眷", qača-qomuč "炊具", tümü(r)-täsäk "废铜烂铁", aɣrix-silaq "生老病死", däl-däräx "树木", miwä-čewä "瓜果", kiyim-kičäk "穿戴", parčä-purat "零七八碎的", qulum-qošna "街坊"等。

4. 一个词与自己的同韵变体结合, 同韵变体由 "p"或者 "m"音开头。它们相互结合而形成的双合词的意义、色彩范围扩大。如 nan-pan "馕之类的"，čay-pay "茶点"，kitap-pitap "书本"，öy-möy "房屋家宅"，at-pat "马之类的"，hoyla-poyla "庄园"，mašina-pašina "汽车之类的"，qizil-pizil "红色"，kök-pök "蓝色" 等。

　　5. 两个都不单独使用的词组合的双合词。如 oŋɣul-doŋɣul "凹凸不平"，oŋtäy-toŋtäy "横七竖八"，apaq-čapaq "打得火热"，taraq-turuq "哐啷之声" 等。

第三章　词汇语类及其语法特征

一　词法

乌什话的词像书面语和其他方言土语，可分为词根和附加成分。词根表示基本意义，而附加成分没有词汇意义，与词根结合才能发挥作用。乌什话的附加成分非常丰富，具有构词和构形功能。有些词根和附加成分在形式上与书面语稍微不同。

维吾尔语中的词一般分为名词、形容词、数词、量词、副词、代词、动词、模拟词、后置词、连词、语气词、感叹词等十二类。其中前八类被称为实词。后置词、连词、语气助词和感叹词被称为虚词。

（一）名词

名词表示事物名称，以英文字母 N 来表示。名词属于静词类，有数、人称、格等语法范畴。

1. 数范畴

名词有单数和复数，单数无附加成分，用词根表示。复数成分为 -la(r)/-lä(r)。复数成分后出现其他成分时，由于语音和谐规律，附属成分还会有 -lur/-lür 的变体。例如：

单数	复数
bala "孩子"	balla
qeri "老"	qerila
öy "房子"	öylä
bulut "云"	bulutla
čüš "梦"	čüšlürüm
qoy "羊"	qoylurum

复数成分以 PL（英文 plural）来表示。名词与复数成分合并后形成复数短语 PLP（plural phrase）。例如：

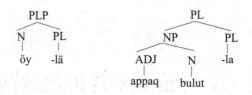

2. 从属人称范畴

乌什话的领属格以-niŋ 来表示，由于语音和谐规律，它还会有-nuŋ/-nüŋ 的变体，表示人或事物的领属关系。名词与领属成分合并后要求后面的从属成分要带上与领属者的人称和数相一致的从属语缀，从而构成严紧的领属—从属结构。如 miniŋ apam"我的妈妈"，siniŋ dadaŋ"你的爸爸"，qoynuŋ puqi"羊的粪便"等。

乌什话领属—从属结构中的一致关系

			与领属格合并的各人称及其单复数形式	相应的从属语缀
第一人称		单数	miniŋ"我的"	-m/-im/-um/-üm
		复数	bizniŋ"我们的"	-miz/-imiz/-umuz/-ümüz
第二人称	一般	单数	siniŋ"你的"	-ŋ/-iŋ/-uŋ/-üŋ
		复数	siläniŋ"你们的"	-ŋla/-ŋlä/-iŋla/-iŋlä/-uŋla/-üŋlä
	尊称	单数	sizniŋ"您的"	-ŋiz/-iŋiz/-uŋuz/-üŋüz
		复数	siliniŋ"您们的"	-ŋla/-ŋlä/-iŋla/-iŋlä/-uŋla/-üŋlä
第三人称		单数	uniŋ"他/她/它的"	-i/-si
		复数	ulaniŋ"他/她/它们的"	-i/-si

乌什话中基本不使用书面语和其他方言中经常出现的第二人称尊称复数成分-°ŋizlA。

领属—从属结构构成从属短语，从属成分以 POS，从属短语以 POSP 来表示。例如：

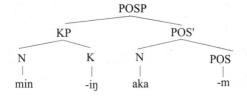

举例：

Min-iŋ	dada-m	ma:lim,	apa-m-mu	ma:lim
我-GEN	爸爸-POS.1sg	老师	妈妈-POS.1sg-也	老师

aka-m　　　　　dixan.

哥哥-POS.1sg　农民

"我爸爸是老师，妈妈也是老师，哥哥是农民。"

Biz-niŋ　　　öy　　tašyol　　buy-i-da.

我们-GEN　　家　　马路　　旁边-POS.3sg-LOC

"我们家在公路边上。"

Silä-niŋ　　qäšqä-dä　　tuqqin-iŋla　　ba-mu?

你们-GEN　喀什-LOC　亲戚-POS.2pl　有-Q

"你们在喀什有没有亲戚？"

Qavulaxun-niŋ　　　üy-i-ni　　　　　　　östän

卡乌尔阿訇-GEN　家-POS.3sg-ACC　　　河渠

buy-i-da　　　　　　　　di-dili-ma?

旁边-POS.3sg-LOC　　　　说-PAST.2sg.POL-Q

"您刚才说卡乌尔阿訇的家在河渠边？"

Ula-niŋ　　bali-si　　　ürümči-dä　　uqu-ydi-kä.

他们-GEN　孩子-POS.3sg　乌鲁木齐-LOC　上学-NPAST-EVID

"据说他们家孩子在乌鲁木齐上学。"

领属代词以第一、第二人称复数形式出现时从属者的从属成分可以省略。例如：

Bizniŋ mällä "我们的村"

Siläniŋ quγunluq "你们的瓜田"

3. 格范畴

格成分表示名词和名词性语类在句中与其他成分之间的句法关系。乌什话有十个格成分，有些格成分有几个变体。

乌什话的格成分

格名称	格语缀	例词
主格	-ø	出现主语末
领属格	-niŋ/nuŋ/nüŋ	ušturpanniŋ "乌什的"，čüšnüŋ "梦的"，qoynuŋ "羊的"
宾格	-ni	ušturpanni "把乌什"，čüšni "把梦"，qoyni "把羊"
向格	-γa/-qa/-gä/-kä	ušturpanγa "向乌什"，čüškä "向梦"，otqa "向火"
时位格	-da/-dä/-ta/-tä	ušturpanda "在乌什"，čüštä "在梦里"，otta "在火里"
从格	-din/-tin	ušturpandin "从乌什"，aštin kiyin "在饭后"
时位标志格	-diki/-tiki	ušturpandiki "在乌什的"，čüštiki "梦里的"，ottiki "火里的"

续表

格名称	格语缀	例词
界限格	-ɣičă/-qičă/-gičă/-kičă	ušturpanɣičă "一直到乌什", hetqičă "一直到节日", žil axiriɣičă "一直到年底"
形似格	-däk/-täk	ušturpandäk "像乌什一样", čüštäk "如梦似的", qoydäk "像羊一样"
量似格	-čilik/-čă	ušturpančilik/-čă "像乌什那么大的", qoyčilik/-čă "像羊那么大小的"

名词 N 和格成分 K 合并后形成格短语 KP。例如：

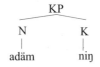

（1）主格

表示事物的主题，没有附加成分，以名词词干来表达。例如：

Dixan-la　bu　žil　ašlix-tin　mol-husul　al-di.

农民-PL　这个　年　粮食-ABL　丰收　得到-PAST

"今年农民们粮食产量很好。"

Dada-m　　bižil　tügä-p　　kät-ti.

爸爸-POS.1sg　今年　去世-ADVL　INTS-PAST

"我爸爸是今年去世的。"

Deŋiz　töt　yaš-qa　kir-di.

德尼孜　四　岁数-DAT　进入-PAST

"德尼孜今年四岁了。"

（2）领属格

在从属人称范畴部分已经提到，领属格成分以-niŋ 为语音形式，它还有-nuŋ/-nün 的变体。例如：

Tusunjan-niŋ　　üy-i-gä　　　qanda　bar-idu?

吐尔逊江-GEN　家-POS.3sg-DAT　怎么　去-NPAST

"请问吐尔逊江的家怎么走？"

Siz　axsu-niŋ　　hämmä　nayi-lir-gä　　ber-ip　　baq-qan-mu?

您　阿克苏-GEN　所有　县城-PL-DAT　去-ADVL　TENT-PERF-Q

"您去过阿克苏的所有县城吗？"

Apa-m-niŋ　　　ism-i　　　Xäyrinsa hušur,

妈妈-POS.1sg-GEN　名字-POS.3sg　Xäyrinsa hušur

dada-m-niŋ　　　　　　Abdurusul häsän.

爸爸-POS.1sg-GEN　　　Abdurusul häsän

"我妈妈名叫 xäyrinsa hušur，爸爸名叫 abdurusul häsän。"

（3）宾格

乌什话的宾格成分是-ni，没有其他变体。它表示该名词是动作的客体或行为动作所涉及的对象。例如：

Dixan-la　yazlix　buγday-ni　ter-ip　　　　bol-di.

农民-PL　　夏季　　小麦-ACC　播种-ADVL　PERF-PAST

"农民们已经种完了春麦。"

Ača-m　　　　bali-si-ni　　　　büšük-kä　　bülä-p　　　　qoy-di.

姐姐-POS.1sg　孩子-POS.3sg-ACC　摇篮-DAT　放入摇篮-ADVL　ADVN-PAST

"我姐姐把孩子放入了摇篮里。"

Tamax-ni　ištik　yi-mä-y　　　　nimä　neziqa-p　　tur-isä?

饭-ACC　　快速　吃-NEG-ADVL　怎么　赌气-ADVL　ITR-NPAST.2sg

"不赶紧吃饭，干嘛要半推半就？"

Yeqin-din　buyan　urux-tuqqan-la-ni　taza: izdä-p　　bol-am-mi-dim.

最近-ABL　以来　亲戚-PL-ACC　　　十分　找-ADVL　PERF-ABIL-NEG-PAST.1sg

"最近没能经常去找亲戚朋友。"

（4）向格

乌什话的向格成分是-γa/-qa/-gä/-kä/-γä/-qä，表示动词所表达的动作的目的、去向、指向等。例如：

Aliy mäçtäp-tä　oqu-wat-qan　　　waxt-im-da　　　　öy-yä　　ay-da

大学-LOC　　　　上学-PROG-ADJL　时间-POS.1sg-LOC　家-DAT　月-LOC

bi　diγüdäk　xät　yez-ip　　tur-i-tim.

一　几乎　　信　写-ADVL　ITR-AOR-PAST.1sg

"我在上大学的时候几乎每个月给家里写一次信。"

Uki-lir-im-ni　　　　　　　ep　　kona　tam-γa

弟弟-PL-POS.1sg-ACC　　　　带着　旧　　房子-DAT

apir-ip　　　　oyn-it-ip　　　　käl-dim.

带过去-ADVL　玩-CAUS-ADVL　　来-PAST.1sg

"我带弟弟去老房子了玩就回来了。"

Aralči-γa　　va-saŋ　　　　bináččä　　　　tal

小岛-DAT　　去-COND.2sg　几个　　　　　块

uššaq　taš　tir-ip　　　kil-ä.

小　　　石子　捡-ADVL　　来.IMP.2sg-PART

"要是去 Aralčä，请捡上几块小石块回来。"

Aptuz	yakörüç-tin	öt-kän-din	kiyin	ändin	axtuqay-ɣa	var-idu.
汽车	雅克瑞克-ABL	过-ADJL-ABL	以后	然后	阿克托海-DAT	去-NPAST

"汽车驶过雅克瑞克乡，之后就到达阿克托海乡。"

Qoyn-uŋ-din	tök-ül-sä	qonj-uŋ-ɣa.
怀里-POS.2sg-ABL	倒-PASS-COND	靴勒-POS.2sg-DAT

"怀里的掉入靴勒里（即'肥水不流外人田'）。"

（5）时位格

乌什话的时位格成分是-da/-dä/-ta/-tä，表示动作发生的地点、时间、条件和工具，也表示人或事物所处的地点、时间或状态。具体用法如下：

Xošni-miz-niŋ	bali-si	bijin-da	oqu-ydi-kä.
邻居-POS.1pl-GEN	孩子-POS.3sg	北京-LOC	上学-NPAST-EVID

"据说我们邻居的孩子在北京上学。"

Tošqan	därya-si	ušturpan-da.
托什干	河-POS.3sg	乌什-LOC

"托什干河在乌什县。"

Ušturpan-da	möljär taɣ,	toqquz bulaq,	sowutqa,
乌什-LOC	燕山	九眼泉	苏伟泉

qazan bulaq,	yättäqizlirim	qatarliq	sayahät	orunliri	wa.
卡赞泉	七位圣女烈士	等	旅游	境地	有

"乌什县有燕山，九眼泉、苏伟泉、卡赞泉，七位圣女烈士等旅游景点。"

Saät	bäš-tä	dixan-la-ɣa	žiɣin	wa	dä-ydu.
时间	五-LOC	农民-PL-DAT	会议	有	说-NPAST

"说五点有农民动员大会。"

（6）从格

乌什话的从格成分是-din/-tin，有时有-dun/-tun 的变体，表示动作或行为的起点、来源、原因等，也表示人或事物的由来或出发点。例如：

Bu	kitap-ni	šiŋxa	kitapxani-si-din	al-dim.
这	书-ACC	新华	书店-POS.3sg-ABL	买-PAST.1sg

"这本书我在新华书店买的。"

Beš-im-diki	badam doppi-ni	qäšqä-din	äkäl-dü-düm
头-POS.1sg-LQ	花帽-ACC	喀什-ABL	带来-CAUS-PAST.1sg

"头上戴着的花帽是让人从喀什带来的。"

Undaq	xuligän	axsa	guy-la-din	qoq-up	qam-ma-ymän.
那样	流氓	自大狂	家伙-PL-ABL	惧怕-ADVL	FAC-NEG-NPAST.1sg

"我不会惧怕他那种像流氓、又自大狂的家伙。"

Känti-miz-diki　　　bašlix-tin　　ančǎ　　razi　　ämäs.
村子-POS.1pl-LQ　　领导-ABL　　那么　　满意　　不是
"我们对村领导不太满意。"

Ögün-din　　bašla-p　　　qa:　　yaγ-a:-miš.
后天-ABL　　开始-ADVL　　雪　　下雪-AOR-HEAR
"据说从后天开始下雪。"

Ušturpan-din　　axsu-γičǎ　　　däl　　yüz　　kilomitir.
乌什-ABL　　　阿克苏-LMT　　正好　　一百　　公里
"从乌什到阿克苏正好一百公里。"

（7）界限格

乌什话的界限格成分是-γičǎ/-qičǎ/-gičǎ/-kičǎ　或在这些成分后再加-liq/-lik，表示行为动作或状态在时间或空间上发生或持续的界限，句中一般作状语。例如：

Söyätliçmaza-din　　bäštiräk-kičǎ　　　piyadä　　on　　minutluq　　yol.
苏盖特马扎-ABL　　拜史特乐克-LMT　　徒步　　十　　分钟的　　　路
"从苏盖特马扎村到拜史特乐克村大约走十分钟。"

Aka-m　　　ürümči-din　　žil　　axir-γičǎ　　qayt-ip　　käm-mä-ydu.
哥哥-POS.1sg　　乌鲁木齐-ABL　　年　　底-LMT　　回-ADVL　　来-NEG-NPAST
"我哥哥年底前不会从乌鲁木齐回来。"

Kala　　qusiq-i-γičǎ　　　patqaq-qa　　pet-ip　　　kät-ti.
牛　　　肚子-POS.3sg-LMT　　烂泥-DAT　　陷入-ADVL　　INTNS-PAST
"牛陷入烂泥中，一直到腹部。"

（8）时位标志格

乌什话的时位标志格成分是-diki/-tiki，表示人或事物在时间或空间上所处的范围，句中一般都作定语。如 imamlirimdiki baza: "伊玛目乡的巴扎"，yamansuduki čoŋ därya "牙满苏乡的大河"，ušturpandiki özgiriš "乌什县的变化"等。例如：

Qulum-diki　　iš-ni　　tügit-iwal-ay.
手-LQ　　　　事-ACC　　完成-SELF-IMP.1sg
"我先把手头的事干完吧。"

Hawa　　tönüyün-diki-din　　yaxši.
天气　　昨天-LQ-ABL　　　好
"今天的天气比昨天的好。"

Öydiki-lä-yä　　　　tilpun　qim-mi-γili　　　birä　　　ay　vo-p　　qa-ptu.

家里的人-PL-DAT　电话　做-NEG-gili.ADVL　一个左右　月　是-ADVL　FACT-EVID

"给家没打电话已有一个月了。"

（9）形似格

乌什话的形似格成分是-däk/-täk，表示人或事物相互间在性质、形状、特征等方面具有可比喻的共性，如 pildäk küšlük adäm "如大象一般有力的人"，kümüštäk appaq saqal "如银雪白的胡子" 等。形似格短语作状语的情况也很普遍。例如：

Bižil　hawa　ot-täk　　issi-p　　　　kät-ti.

今年　天气　火-SML　变热-ADVL　INTNS-PAST

"今年天气非常炎热。"

Dadam-däk　　sözli-mäy　　neri　　tur-ä.

爸爸-SML　　说话-NEG　　远点　站-IMP.2sg-PART

"别像我爸爸一样说话，滚到一边去。"

Häqančä　　qi-saŋ-mu　　　män-däk　　bol-am-ma-ysä.

无论怎么　做-COND.2sg-也　我-SML　变成-ABIL-NEG-NPAST.2sg

"无论怎么努力，你还是没有我那个本事。"

（10）量似格

乌什话的量似格成分是-čä/-čilik，表示人或事物相互间在数量、规格等方面具有可比喻的共性。例如：

Aka-m　　　alqan-čilik　yä-ni-mu　　qoy-may　　häydä-p　　bol-di.

哥哥-POS.1sg　手掌-EQUI　地-ACC-也　留下-NEG　耕地-ADVL　PERF-PAST

"我哥哥把田地耕耘完毕，连手掌大的地都没留下。"

Biz-niŋ-mu　　sili-niŋ　　　　　üy-äŋ-li-čilik

我们-GEN-也　你们-GEN　　　房子-POS.2sg-PL-EQUI

üy-imiz　　　bo-γan　　　bol-sa　　hä.

房子-POS.1pl　有-ADJL　　是-COND　啊

"要是我们也有像你们房子那么大的房子该多好啊。"

以上的形似格-däk/-täk 与量似格-čä,-čilik 有时可以替换。

（二）数词

表示人或事物的数量、顺序、编码等的词类，如 bäš adäm "五个人"，tötinjay "四月份"，saät ombi "十一点钟" 等。

乌什话的数词可分为基数词、序数词、约数词、分数词、分配数词、成组数词、人称数词共七种。

1. 基数词

基数词就是数词的基本形式，乌什话的基数词与书面语基本相同，语音上稍有变化。此外，乌什话中基本不用其他方言土语和标准语中的 tümän "一万" 一词。乌什话的基数词如下：

书面语	乌什话
bir "一"	bi
ikki "二"	iški
üč "三"	üš
töt "四"	töt
bäš "五"	bäš
altä "六"	altä
yättä "七"	yättä
säkkiz "八"	säkkiz
toqquz "九"	toqquz
on "十"	on
yigirmä "二十"	živimä
ottuz "三十"	ottus
qiriq "四十"	qiriq
ällik "五十"	ällik
atmiš "六十"	atmiš
yätmiš "七十"	yätmiš
säksän "八十"	säçsän
toqsan "九十"	toxsan
yüz "一百"	yüz
miŋ "一千"	miŋ
onmiŋ "一万"	onmiŋ
milyon "一百万"	milyun
milyart "十亿"	milyart

2. 序数词

序数词在基数词后面缀加-nji/-inji/-unji/-ünji 而构成。如 iškinji "第二"，živiminji "第二十"，tötinji "第四" 等。

3. 约数词

约数词表示事物的大概数量。它在基数词后面缀加-čä 或-däk/-täk 而构成，乌什话中一般比喻格用得比较多。如 iškiyüzdäk qoy "大概二百来只羊"，ondäk išäk "大约十来头毛驴"，živimičä öškä "大概二十来只山羊"等。

4. 分数词

表示分数和小数。如 iškidin bir "二分之一（1/2）"，yättidin töt "七分之四（4/7）"等。表示百分比时还可以用 pirsän，如 töt pirsän（4%），atmiš iški pirsän（62%）等。除此之外，还有 yerim "一半"，čaräk "四分之一"等词。

5. 分配数词

在基数词或有些约数词后缀加-din/-tin 而构成，如 birdin "以一为一份/组"，iškidin "以二为一份/组"，üštin "以三为一份/组"等。

6. 成组数词

在基数词后缀加 lap/-läp 构成，如 onlap "成十地"，yüzläp "成百地"，milyunlap "成百万地"等。

7. 人称数词

在基数词后缀加-ylän/-äylän，人称复数从属词缀而构成。如 biräylän "一个人"，iškäylän "两个人"，üčäylän "三个人"，üčimiz "我们仨"，tötiŋlär "你们四个"等。

（三）量词

表示事物或动作计算单位。如 tal "个、根"，qur "行、套"，jüp "双、对"，tüp "棵"，mitir "米"，käsläm "切片"，kilo "公斤"，jiŋ "斤"，top "群、匹"，čišläm "一口"，čimdim "撮"等。

1. 乌什话的量词可分为专用量词和借用量词。

（1）专用量词

专门用来表示计量单位，如 jiŋ "斤"，sä(r) "两"，misqal "钱"，puŋ "分"，tonna "吨"，kilo "公斤"，giram "克"，čaräk "刻"，kilomitir "公里"，mitir "米"，santa "厘米"，ɣulaš "庹"，čamdam "步度"，siyam "小拃"，ɣeriš "拃"，či "尺"，litir "升"，danä "个"，baɣlam "捆"，čišläm "口"，čimdim "撮"等。

（2）借用量词

表示性质、时间或容器的一些名词有时变成计量单位。如 sanduq "箱子" —bir sanduq（gürüš）"一箱子（大米）"，eɣiz "口" —üš eɣiz（öy）"三间（房）"，piyalä "茶碗" —bir piyalä（halwa）"一碗（糖糊糊）"等。

2. 量词根据其修饰对象的不同，可分为名量词和动量词两类。

（1）名量词

是用做人或事物的计量单位，如 tal "只，个"（tal 在乌什话中的使用频率比较高）—bi tal qoy "一只羊"，bi tal adäm "一个人"，bi tal dänši "一台电视"，čaräk "刻"（大约相当于 25 斤）—bäš čaräk qunaq "五刻玉米"，kilo "公斤"—altiyüz kilo kümä(r) "六百公斤煤"，ɣeriš "拃"—iški ɣeriš lata "两拃布"等。

（2）动量词

是用做动作计量单位，如 qata "次"—biz iški qata urušup qalduq "我们吵了两次架"，döräm "次"— bu döräm üzäŋ baɣin "这次你自己去吧"，ašpišim "一次做饭的时间，大约相当于一两个小时"—bir ašpišim išliduq "我们干了大概一个小时的活儿"等。

（四）形容词

表示人或事物的形状、性质、特征或者形容动作、行为、变化状态。如 sät "难看"，čirayliq "漂亮"，ildam "快"，asta "慢"，märt "慷慨"，pixsiq "吝啬"，qizil "红色"等。

形容词有原级、减弱级、加强级、表爱指小级和减抑级五类。

1. 原级：有级形容词的原形态就是形容词的原级形式。如 iŋiškä "细"，yäŋgil "轻"，aldiraŋɣu "急性子"，kükämä "泼皮"，uššuq "无赖"，yaman "厉害"，äski "坏"，paka "矮"，kaski "爱唠叨的"等。

2. 减弱级：形容词词干上缀加附加成分-raq/-räk 而构成，如 iŋiškiräk "细一点"，uššuxraq "稍微无赖"，äskiräk "坏一点"，bälänräk "好一点"等。

3. 加强级：形容词的加强级通过重复其第一音节到元音为止的部分而构成。即在形容词的第一个音节元音之后加-p 音，紧接着把原形容词说出来即可。例如：

原级	加强级
qara "黑"	qapqara "黑黑的"
süzük "清澈"	süpsüzük "清清的"
tinč "安静"	tiptinč "安安静静的"
seriq "黄色"	sapseriq "黄黄的"
čirayliq "漂亮"	čipčirayliq "漂漂亮亮的"

4. 表爱指小级：在形容词词干后缀加附加成分-ɣinä/-qinä/-ginä/-kinä 而构成。如 kičikkinä "小小儿的"，yomulaqqinä "圆圆儿的"，simizginä "胖

乎乎的"等。

5. 减抑级：在原级形容词后面缀加-iš/-uš/-mtul/-ɣuč 等构成。例如：

原级	减抑级
aq "白"	eqiš "浅白色"
kök "蓝"	köküš "浅蓝色"
seriq "黄"	saɣuč "浅黄色"
qara "黑"	qaramtul "浅黑色"
qizil "红"	qizɣuč "浅红色"

（五）代词

乌什话的代词可分为人称代词、指示代词、疑问代词、反身代词、任指代词、否定代词和不定代词共七种。

1. 人称代词

人称代词分第一人称、第二人称和第三人称。人称代词有单复数区别，列表如下：

人称		单数	复数
第一人称		män "我"	biz "我们"
第二人称	普称	sän "你"	silä(r) "你们"
	尊称	siz "您"	silä(r) "您们"
	敬称	sili（özliri）"您自己"	häbirliri/häqaysiliri "您各位"
	贬称	—	sänlä(r) "你们这些"
第三人称		u "他/她/它"	ula(r) "他/她/它们"

一些人称代词变位时发生语音变化。例如：

人称	宾格	领属格
män "我"	mini	miniŋ
sän "你"	sini	siniŋ

一些方言土语和标准语中广泛使用的第二人称代词的敬称复数形式 sizlär 在乌什话中基本不用。

代词与格或后置词结合时代词后面缀加领属格-niŋ。如 uniŋda "在她那儿"，uniŋ bilän "和他一起" 等。

2. 指示代词

指示代词就是特别指向某人某事物的词。分近指、中指和远指。

近指	中指	远指
bu "这"	u "那"	u: "那"
mana "就这个"	šu "那个"	änä, ayna "那个"
ma "这"	išu "就那个"	a: "那个"
mawu "这"	iwu "就那个"	a:wu "那个"
mušu "就这个"	a: "那个"	a:šu "就那个"
mäyzi "这边"		äyzi "那边"

（1）bu "这"：指向离说话者相对近的人或事物。例如：

Bu　kim-niŋ　üy-i？

这　谁-GEN　家-POS.3sg

"这是谁的家？"

（2）u "那"：指向离说话者相对远的人或事物。例如：

U　kala　xošni-miz-niŋ.

那　牛　邻居-POS.1pl-GEN

"那头牛是我们邻居家的。"

（3）šu "就是那个"：指向对说话者和听话者都已清楚的事物。例如：

Šu　kün-i　urux-tuqqan-la-niŋ　hämmi-si　jäm bol-di.

那　天-POS.3sg　亲朋好友-PL-GEN　所有-POS.3sg　团聚 AUX-PAST

"那天所有的亲朋好友都团聚了。"

（4）mawu "就这个"：是 mana "在这" 和 bu "这" 合并后语音压缩而形成的，mawu 进一步压缩后形成 ma。例如：

Mawu　qoɣunluq　saätxača-m-niŋ.

这　瓜田　萨爱提汗大姐-POS.1sg-GEN

"这个瓜田是萨爱提汗大姐家的。"

（5）a:wu "那一个"：是 änä "那个" 和 bu "这" 合并后语音压缩而形成的。a:wu 进一步压缩后变成 u:。如 a:wu körünɣän mällä "那个远处可看到的村落" 等。

（6）mušu "就这一个"：是 mana "在这里" 和 šu "就是那个" 合并后语音压缩而形成的。例如：

Män　mušu　žut-ta　tuɣul-up　čoŋ　vo-ɣan.

我　这个　地方-LOC　出生-ADVL　长大　AUX-PERF

"我就在本地出生长大的。"

（7）äšu（ašu）"就那一个"：ayna"在那里"和 šu"就是那个"合并后语音压缩而形成的，用法与以上的 mušu 相似。

除了这些指示代词，乌什话中还经常用 mäyzi"这边"<mawu+yüzi，äyzi"那边"<awu+yüzi"那边"等词。其他方言土语中经常出现的指示代词 munu"就这个"在乌什话中基本不用。指示代词单数的从格、向格、时位格形式与人称代词的第三人称相同。

3. 疑问代词

乌什话中经常使用的疑问代词有 kim"谁"，nimä"什么"，nä"哪儿"，qaysi"哪一个"，qanda(q)"怎么"，qačan"什么时候"，qančä"多少"，näččä"多少"，qeni"在哪儿"，qä:yä:"哪里"等。

（1）kim"谁"：对人提问。例如：

Awu　　ädäm　　kim?
那　　　人　　　谁

"那个人是谁？"

（2）nimä"什么"：对事物提问。例如：

Nimä　　yä-wat-isilä?
什么　　吃-CONT-NPAST.2sgPOL

"您在吃什么？"

（3）qaysi"哪一个"：在同一类事物中对不清楚的某一个对象提问。例如：

Qaysi　　mälli-din　　käl-diŋiz?
哪个　　村-ABL　　来-PAST.2sg.POL

"您来自哪个村？"

（4）qanda(q)"怎样"：对某一标记或者状态提问。例如：

On　　qetim　　gäp　　qis-sa　　bi　　qetim
十　　次　　　话　　做-COND　一　　次

hä　　di-mä-ydiɣan　　　qanda　　adäm　　bu.
是　　说-NEG-diɣan.ADJL　什么　　人　　这

"这是什么人呢，问了十次一次都没有反应。"

（5）qačan"什么时候，何时"：对时间提问。例如：

Biz-niŋ　　öy-gä　　qačan　　kil-isä?
我们-GEN　家-DAT　何时　　来-NPAST.2sg

"你什么时候来我们家？"

（6）qančä 或 näččä"多少，几"：对数量提问。例如：

Awu　qara　kali-ni　　näččä　pul-γa　　sat-a?
那　　黑　　牛-ACC　　多少　　钱-DAT　　卖-AOR

"那头黑牛卖多少钱呢？"

Qančä/näččä 可以由 qančilik/näččilik 替代，不过后者更强调对量的提问。

（7）qäyä "哪儿，什么地方"：表示对地点、处所的提问。例如：

Dost-iŋiz　　　　qäyä-din　　　käl-di?
朋友-POS.2sgPOL　　哪里-ABL　　来-PAST

"您朋友来自哪儿？"

（8）qeni "在哪里，哪儿呢"：

Bali-ŋiz　　　　　qeni?
孩子-POS.2sgPOL　　哪里

"您的孩子在哪儿？"

（9）nä "哪儿"：

Sili-niŋ　　　öy　nä-dä?
你们-GEN　　家　哪里-LOC

"你们家在哪儿？"

4. 反身代词

乌什话的反身代词只有一个 öz "自己"，它与相应的从属人称成分合并时语音形式变成 üz。例如：

人称		单数	复数
第一人称		(män) üzäm "我自己"	(biz) üzimiz "我们自己"
第二人称	普称	(sän) üzäŋ "你自己"	(silär) üzäŋla "你们自己"
	尊称	(siz) üziŋiz "您自己"	
第三人称		(u) üzi "他/她/它自己"	(ular) özliri "他/她/它们自己"

例如：

Bu　iš-la-niŋ　　　　hämmi-si-ni　　　　üzäm　　tügät-tim.
这　事儿-PL-GEN　　全部-POS.3sg-ACC　　我自己　完成-PAST.1sg

"这些事都是我自己做完的。"

Jidäl-ni　　üzäŋla　　bir täräp　qil-iŋla.
纠纷-ACC　　你们自己　处理　　　AUX-IMP.2pl

"这起纠纷你们自己处理吧。"

5. 任指代词

乌什话中常见的仟指代词有 hä:nimä "任何事物"，hä:kim "任何人"，hä:qaysi "任何一个"，hä:qandaq "不管怎样"，hä:qančä "不管多么……"，hä:qačan "任何时候"，hä:kiši "每人"，hä:nässä "每一个东西"，barliq "所有的"，hämmä "一切，都"，jimi "全部"，pütün "全部"等。

Hänimä bommisun,　　iš-ni　　　waxt-i-da　　　tüyät-tuq.

无论怎么样　　　　　事儿-ACC　时间-POS.3sg-LOC　完成-PAST.1pl

"无论怎样，我们按时完成了工作。"

Häqancä qip bosimu　intami-din　čoqum　öt-imän.

不管怎么样　　　　　考试-ABL　一定　　通过-NPAST.1sg

"不管怎样，我一定要通过考试。"

Hämmä　adäm　ki-p　　　bol-di.

所有　　人　　来-ADVL　PERF-PAST

"所有人都来了。"

6. 否定代词

乌什话的否定代词由 hiš "一点都不" 和相应的疑问代词合并而形成。否定代词只出现在否定句里。常见的否定代词有：hiškim "谁都不/没……"，hišnimä "什么都不/没……"，hišqandaq "任何一种都不……"，hišqaysi "哪个都不"，hišqačan "从来/任何时候都不……"，hišnä "哪儿都不……"，hišbi "一个都不/没" 等。

7. 不定代词

乌什话中常见的不定代词有 allinimä "不知是什么"，allikim "不知是谁"，alliqandaq "不知是怎样"，alliqaysi "不知是哪一个"，alliqäyä "不知是哪儿"，alliqayaq "不知是哪边"，alliqačan "不知是什么时候"，binimä "某个东西"，bikim "某人"，biqandaq "某种"，biqančä "几个"，nimidu "不知是什么"，kimdu "不知是谁"，qačandu "不知是什么时候"，qandaxtu "不知是什么样的"，qaysidu "不知是哪一个"，qäyädu "不知是什么地方"，nimišqidu "不知为什么" 等。

（六）副词

出现在动词、形容词之前，在动作状态、方式、时间、地点或事物性质、程度等方面修饰或限制动词或形容词。如 intayin "非常"，zäp "特别"，čuqum "一定"，jäzmän "一定"，mutläq "绝对"，päqät "根本"，zadi "到底"，dayim "经常"，a:biya "刚才"，tünügün "昨天"，säl "稍微" 等。

乌什话的副词可以分为动作副词、程度副词、时间副词、方位副词、语气副词、判断副词等六类。

　　1. 动作副词：表示动作行为的状态、方式和方法。常见的动作副词有 ästayidil "认真地"，qästän "故意"，tuyuxsiz "骤然"，ata:yin "特意地"，aran "勉强"，turupla "忽然"，tosattin "突然"，izčil "一贯地"，piyadä "步行"，diçtaq "马上，急速"，hapila-šapila "急急忙忙"，andin-mundun "匆匆忙忙" 等。例如：

Ušturpan-ɣa　atayin　sin-i　dä-p　käl-dim.
乌什-DAT　　特意　你-ACC　说-ADVL　来-PAST.1sg
"我特意来乌什县就是为了你。"

U-niŋ　　turupla　kisil-i　　tut-up　　qal-di.
他-GEN　忽然间　病-POS.3sg　发作-ADVL　FACT-PAST
"忽然，他的病发作了。"

　　2. 程度副词：表示行为动作或事物性质的程度。常见的程度副词有 bäk "太"，bäçmu "格外"，intayin "很"，ajayip "非常"，qattix "非常"，säl "略微点"，äŋ "最"，qaltis "非常"，xoymu "太、格外"，ančä-munčä "多少，多多少少"，rasa "狠狠地"，teximu "更，更加"，xeli "相当" 等。例如：

Bižil　baɣ-diki　ürüç-lä　qaltis　oxša-p　　kät-ti.
今年　果园-LQ　杏-PL　格外　非常好-ADVL　FACT-PAST
"今年我们园里的杏树长势非常好。"

Mälli-miz-diki　　äŋ　bay　ädäm　jumaxun.
村子-POS.1pl-LQ　最　富有　人　　句麻洪
"我们村里最富有的人是句麻洪一家。"

　　3. 时间副词：表示行为动作发生的时间。常见的时间副词有 bizmanliqqa "黄昏时刻"，namaššam waxti "日落时刻"，bultu "去年"，texi "尚，还"，awal "首先"，bäzidä "有时"，aldinala "事先"，a:biya "刚才"，baldur "早"，adättä "平时"，mäŋgü "永远"，ämdi "现在"，hazirčä "暂时"，hili "刚才"，arilap "间或"，äŋgizä "然后" 等。例如：

Hazir-čä　　mušunčilik　paraŋlaš-sax　　bol-a.
现在-EQUI　就这么点　聊天-COND.1pl　　是-AOR
"现在我们暂且就谈这么多吧。"

Öy-dä　　birä　　häptä　tur-up　　äŋgizä
家-LOC　大约一个　星期　呆-ADVL　然后

silä-niŋ　　öy-gä　bar-ay.
你们-GEN　家-GEN　去-IMP.1sg
"我先自家大约待一周，然后去拜访你们家吧。"

　　4. 方位副词：表示行为动作的趋向。常见的方位副词有 iškiri "向里面"，

tašqiri "向外面"，neri "朝那边"，beri "朝这边"，ilgiri "向前"，yuqirsi "向上"等。例如：

Neriraq   tu(ru)-p   tur-ä!
远点   站-ADVL   ITR.IMP.2sg-PART

"站得远一点儿！"

Qeni,   iškiri-yä   ki-silä!
好吧   里边-DAT   进-IMP.2sgPOL

"来吧，请往里进！"

5. 语气副词：表示说话人对所发生行为动作的某种语气，往往带有肯定或否定语气。常见的语气副词有 jäzmän "肯定"，čuqum "一定"，älwättä "当然"，qät'tiy "坚决"，härgiz "根本、绝不"，zadi "究竟、到底" 等。例如：

Oŋ   qapiɣ-im   tat-iwat-idu,   čuqum bi   yaxši iš   va.
右   眼皮-POS.1sg   跳动-CONT-NPAST   一定   一   好   事儿 有

"右眼皮在跳，肯定有好事。"

Čaqir-saŋla   älwättä   bar-imiz.
邀请-COND.2pl   当然   去-NPAST.1pl

"你们请我们去，我们当然去。"

6. 判断副词：表示说话者的主观判断或评价。常见的判断副词有 täxminän "大约"，nimidigän "多么、何其"，näqädär "何等"，bälkim "恐怕"，bäribir "反正"，ehtimal "也许" 等。例如：

Toy-ɣa   täxminän   iški   yüz-čä   adäm   ka-ptu.
婚礼-DAT   大约   二   百-EQUI   人   来-EVID

"这次婚礼大概出席了二百来人。"

Bäribir   bar-am-ma-ymä,   awarä   bom-ma-ŋ.
反正   去-ABIL-NEG-NSPT.1sg   麻烦   是-NEG-IMP.2sg

"我反正去不了，请您别麻烦。"

（七）模拟词

用来模拟自然声音、感觉状态或人体感受的词叫做模拟词。模拟词从构成形式上可分为单一式模拟词和复合式模拟词两种。

1. 单一式模拟词：单一式模拟词指由单一的语素构成的模拟词。如 daŋ "当（钟声）"，ɣurt "咕嘟（喝水声）"，taŋ "砰（撞击声）"，öhö "喀喀（咳嗽声）"等。模拟词一般都是重叠式的，单一模拟词一般与副词派生成分-idä，助词 qilip 或-la qilip 等合并，生动描述一种状态。例如：

Qaraŋɣu-da   küz-üm   kö-mäy   oräk-kä
夜里-LOC   眼睛-POS.1sg   看见-NEG   坑里-DAT

güpla	qi-p	žiqil-ip	čüš-tüm.
哗啦一声	做-ADVL	跌倒-ADVL	下来-PAST.1sg

"我在夜里看不到路，哗啦一下掉下坑里去了。"

Karwat-tin	pokkidä	žiqil-ip	čüš-ti.
床-ABL	砰的一声	跌倒-ADVL	下来-PAST

"他从床上砰的一声摔了下去。"

2. 复合式模拟词

复合式模拟词还可分为重叠式、谐音式和对偶式三种。

（1）重叠式模拟词：两个完全相同的模拟语素重叠而成，如 güpür-güpür "噔噔（匆忙跑步声）"，šalax-šalax "哗啦（松动声）"，parax-parax "哇（笑声）"，tarax-tarax "哐啷（物体相互撞击声）"，guduŋ-guduŋ "喊喊喳喳（低声说话声）"等。

（2）谐音式模拟词：两个模拟语素重叠构成，但后一个语素里以窄圆唇元音替代前一个语素元音的模拟词，如 palax-pulux "咕咚（摔倒声）"，šalax-šulux "哗啦（松动声）"，paras-purus "噼哩啪啦"，šapur-šupur "扑哧扑哧（匆忙行动声）"，jalax-julux "哐当"，taraŋ-turuŋ "丁零当啷"等。

（3）对偶式模拟词：指由两个在语音上互不相同的模拟语素组成的模拟词，如 diç-taq "噔（急速走路声）"，güldür-taraq "丁零当啷（打雷声）"，güpür-γalap "丁零哐啷"等。

模拟词按其所表示的不同意义可分为拟声模拟词、拟状模拟词和拟感模拟词三类。

（1）拟声模拟词：γiž-γiž "呼噜呼噜声"，kur-kur "呱呱（青蛙叫声）"，iŋä-iŋä "哇哇（婴儿哭声）"，määä "咩咩（羊叫声）"，mööö "哞哞（牛叫声）"，haw-haw "汪汪（狗叫声）"，γur-γur "呼呼（风声）"，šir-šir "哗哗（流水声）"，taŋ-tuŋ "啪啪（击打声）"，pas-pus "噼里啪啦"等。

（2）拟状模拟词：däkkä-dükkä "（惊恐状）"，čilix-čilix "湿漉漉的"，milix-milix "软绵绵的"，porox-porox "咕嘟（沸腾作声）"，poltoŋ-poltoŋ "扑通（潜水之声）"等。

（3）拟感模拟词：lox-lox "一跳一跳（形容随脉搏跳动而疼的感觉）"，ziŋ-ziŋ "嗡嗡（形容神经疼的感觉）"，jiγ-jiγ "（形容恐惧时心里感到刺激的感觉）"等。

（八）语气助词

语气助词属于虚词，它给整个句子或句中的某个词或词组赋予各种不同的语气。如 uču? "他呢？"，turγunla "只有吐尔洪"，ukammu "我弟弟也……"等中的-ču、-la、-mu 都是语气助词。乌什话中常见的语气助词有-mu、-ču、

-ma、-ɣu/-qu、-dä/-tä、-däk、-kin、-la、-zä、-a、-ra/-rä，hä(ä)、yaalla、ämisä、mäyli、texi、qeni、naːyiti、här halda、juma、bika、hili bika、išqilip、xuddi、zadi、bälki、bälkim、hätta、hilimu yaxši、mana、ayna、däymän、ästaxpurulla、way alla、way anam、way atam、apla 等。

常见语气助词的用法

1. -mu：表示疑问，一般缀加在陈述句末尾的词后，使整个句子变成疑问句。例如：

Urux tuqqan-la-ɣa　　xäwä(r)　　qil-diŋ-mu?

亲戚好友-PL-DAT　　消息　　　做-PAST.1sg-Q

"给所有的亲人通知了吗？"

2. -mu：表示追加，与表示疑问的-mu 形同意不同。例如：

Sän　ba-saŋ　　　　mäm-mu　　bar-imän.

你　　去-COND.2sg　我-也　　　去-NPAST.1sg

"你去我也去。"

3. -ma：表示疑问、惊奇。例如：

Sän-mu　maŋ-a　　agiš-ip　　　käl-diŋ-ma?

你-也　　我-DAT　跟随-ADVL-　来-PAST.2sg-Q

"你也是跟着我来的吗？"

4. -ču：表示追问。例如：

Biz-ču,　　　　undax　pixsiq　köçpišt-li-din　　ämäs.

我们-PART　　那样　小气　　赖皮-PL-ABL　　不是

"我们呢，不是那种小气、赖皮的人。"

5. -ɣu/-qu：表示惊异。例如：

Bultu　aː-ɣan　　　pul-ni　　qaytu-mi-diŋ-ɣu?

去年　借-ADJL　　钱-ACC　还-NEG-PAST.2sg-PART

"你把去年借的钱还没有还呀"

6. -dä/-tä：表示断然。例如：

Ašinda　ädäm-lä　aɣz-i-ɣa　　　　kä-gän-ni　　　dä-ydu-dä!

那种　　人-PL　　嘴-POS.3sg-DAT　来-ADJL-ACC　说-NPAST.3sg-PART

"那种人只能说东道西啊！"

7. -ki(n)：表示或然，或不确定、犹豫等。例如：

Bügün　yamɣu(r)　yaɣ-a-m-diki(n)?

今天　雨　　　　下-AOR-Q-GUESS

"今天是不是会下雨呢？"

8. -la：表示限制。例如：

Iš-ni　　　män-la　　qilili-wä-mä-y!

事-ACC　　我-PART　　做-UNINT-NEG-IMP.1sg

"别只让我一个人干活儿！"

9. -zä：表示聚焦。例如：

Ular-zä　　biz-däk　　kämbiɣal　gaday-la-ni　　yarit-a-m-da!

他们-PART　我们-SML　穷的　　　穷人-PL-ACC　看得起-AOR-Q-NPAST.PART

"他们怎么会看得起像我们这样的穷人呢！"

10. -a\-ä：表示惊奇。例如：

Uka-ŋ　　　　　kičik　tur-up　　　tamaka　ček-idikin-a?

弟弟-POS.2sg　小　　站-ADVL　　烟　　　抽-GUESS-PART

"你弟弟那么小还抽烟呢？"

11. -ra\-rä：表示催促。例如：

Sän　　dä-rä!

你　　说-PART

"你说吧"

Ištik　　yä-rä!

快　　吃-PART

"快点吃吧"

12. hä：表示提醒。例如：

Hä,　　gäp　ba　oxši-ma-m-du?

怎么　话　有　像-NEG-Q-NPAST

"怎么，有话要说吗？"

13. ämisä "那就，否则"：表示选择。例如：

Ämisä　ixtiya.

那就　　随便

"那就随你的便。"

14. mäyli "算了"：表示忽略。例如：

Mäyli,　nimä　di-säŋ　　　　　dä-wä.

算了　　什么　说-COND-2sg　　说-UNINT.IMP.2sg

"算了，你想说什么就说吧。"

15. texi "还，而且"：表示升级。例如：

U　texi　men-i　　jayla-ymän　　　dä-p　　　žür-ä-miš.

他　还　我-ACC　收拾-NPAST.1sg　说-ADVL　DEV-AOR-HEAR

"听说，他到处说要收拾我。"

16. qeni"请"：表示敦促。例如：

Min-i	ämdi	bozäk qi-p	baq-ä	qeni!
我-ACC	现在	欺负-ADVL	TENT-PART	那么

"你现在欺负我看看？"

17. nayiti"最多，大不了"：表示从容。例如：

Nayiti	vo-sa	yüz	koy-ɣa	a-ɣan-siz?
顶多	是-COND	一百	元-DAT	买-PERF-2sg

"顶多花一百块买的吧？"

18. juma/jumu"好吗"：表示吩咐、遗憾。例如：

Xäp	jumu!
等着	啊

"等着瞧，啊！"

Ma	gäp-ni	bašqi-la-ɣa	di-mä-ŋ	juma!
这个	话-ACC	其他-PL-DAT	说-NEG-IMP.2sg	好吗

"别把这句话告诉别人，好吗！"

19. bika (hilibika)"否则的话"：表示警告。例如：

Hilibika	ölgüdäk	tayiɣ-iŋ-ni	yä-ysä!
否则的话	死死	棍子-POS.2sg-ACC	吃-NPAST.2sg

"小心，不然你会往死里挨打！"

20. išqi(li)p"反正"：表示自信、把握。例如：

Išqip	bu-la-ni	bäk	yaxši	adäm
反正	这-PL-ACC	非常	好	人

dä-p	kät-kili	bom-ma-ydu.
说-ADVL	INTNS-kili.ADVL	是-NEG-NPAST

"反正，不能把他们看作那么好的人。"

21. 由 dä-"说"派生的 däymä, diginä, disä：表示阐释。例如：

Jim	tu	däymä.
安静	站	PART

"我说你别动。"

Bu	xät-ni	u	yez-iptu	diginä
这	信-ACC	他	写-EVID	PART

"这封信是他写的。"

22. apla"哎呀"，ästaxpurulla"哎呀"：表示遗憾、后悔。例如：

Apla,	kičik-ip	qa-ptuq.
哎呀	迟到-ADVL	FACT-EVID.1pl

"哎呀，我们迟到了。"

Ästaxpurulla,	min-i	zoli-ma	dä-ymä.
哎呀	我-ACC	强迫-NEG	说-NPAST.1sg

"哎呀，别强迫我啊"

23. way alla "我的主啊"，way xuda "我的主啊"，way anam "我的妈呀"，way atam "我的爸呀"：

Way alla,	biz	ula-γa	nimä	qi-γan	boγiytuq.
我的主啊	我们	他们-DAT	什么	做-ADJL	GUESS.1pl

"我的主啊，我们对他们到底犯了什么错啦？"

24. way towa, way töwä, towa däŋa "天呢"，表示诧异、惊讶、忏悔。例如：

Way towa,	u	iš-ni	nä-dä	män	qi-ptimän
天呢	那	事儿-ACC	哪儿-LOC	我	做-EVID.1sg

"天呢，我什么时候做了这件事？"

Towa däŋa,	nä-dä	šundax	iš	va-kän?
天呢	哪儿-LOC	如此	事儿	有-EVID

"天呢，哪儿有这种事？"

（九）连词

在词与词、词组与词组、句子与句子之间起连接作用的词叫做连词。乌什话中经常出现的连词及其用法如下：

1. wä "和"，häm "和、并"，hämdä "以及"：连接并列出现的同等成分。例如：

Bal-la	baγ-diki	ürüç-lä-ni	qax-ti
孩子-PL	果园-LQ	杏子-PL-ACC	摇下-PAST

hämdä	taγa-la-γa	qačili-di.
并且	麻袋-PL-DAT	装进-PAST

"孩子们把果园里的杏子摇了下来并且装进了麻袋里。"

2. bilän "跟"：平时作后置词，有时用作连词。例如：

Dada-m	bilän	apa-m	baza-γa
爸爸-POS.1sg	和	妈妈-POS.1sg	集市-DAT

kit-ip	öy-yä	kir-äm-mi-dim.
去-ADVL	家里-DAT	进-ABIL-NEG-PAST.1sg

"由于父母出去赶集市，我进不去家里。"

3. 连贯连词 häm……häm…… "既……又……"。例如：

Bügün	häm	kisäl	yoxla-p	häm
今天	又	病	看望-ADVL	又

üz-äm-mu　　　　　doxtur-ɣa　　kör-ün-üp　　　čix-tim.
自己-POS.1sg-也　　医生 DAT　　看-REFL-ADVL　　出来-PAST.1sg
"今天我既看望了其他病人，又自己看了一下医生。"

4. ……-mu……-mu "……也，……也"。例如：

Mäm-mu　bar-ay,　　　　säm-mu　ba-ɣin.
我-也　　去-IMP.1sg　　你-也　　去-IMP.2sg
"我也去，你也去吧。"

5. 选择连词：yaki "或者"，ya "或、要不"：连接选择关系中的几个同等成分。例如：

Čüš-i-dä　　　　qaraxči　　ya　　　pul-ɣa　　　tu,
梦-POS.3sg-LOC　强盗　　要么　　钱-DAT　　选择

ya　　　jan-ɣa　　tu　　　dä-ptu-däk.
要么　　命-DAT　　选择　　说-EVID-SML

"在他梦里强盗对他说：'你要么选择钱，要么你的命，你自己选择'。"

6. heliɣu "别说现在是……了"，hätta "甚至"，hättaki "甚至是"：表示递进关系。例如：

Pul-ɣa　　biril-ip　　　kät-kän　　　　　　ašköz　　adäm-lä
钱-DAT　　沉淀-ADVL　　INTNS-ADJL　　　贪婪　　人-PL

hätta　　öz　　　ata-ani-si-ni-mu　　　tunu-ma-ydu.
甚至　　自己　　父母-POS.3sg-ACC-也　　认识-NEG-NPAST

"追求金钱的贪婪之徒就连自己的亲生父母都不认。"

Hiliɣu　　säŋ-kän-sä,　　　hätta　　min-iŋ
别说　　你-MOOD-2sg　　甚至　　我-GEN

gip-im-ni-mu　　　aŋli-ma-ydu　　　u.
话-POS.1sg-ACC-也　　听-NEG-NPAST　　他

"别说是你，现在他连我的话都听不进去。"

7. uniŋ üštigä "再说、再加上"：表示层递关系，以及情况的进一步升级。例如：

Üyü-m　　žiraq,　　uniŋ üstiɣä　　　　　iš-lir-im-mu
家-POS.1sg　远　　再说　　　　　　　事儿-PL-POS.1sg-也

jiq,　　　šuŋa　　bar-am-ma-ymän.
多　　　所以　　去-ABIL-NEG-NPAST.1sg

"我家比较远，而且要做的事也比较多，所以我去不了。"

8. ämma "但是"，likin "但是"，biraq "但是"：表示转折。例如：

Dixan-la-niŋ　　qiyinčiliɣ-i　　　jiq　　ämma/likin
农民-PL-GEN　　困难-POS.3sg　　多　　但是

išänči-si-ni　　　　　yoqit-ip　　　qoy-γin-i　　　　　　yoq.
信心-POS.3sg-ACC　　失去-ADVL　ADVN-ADJL-POS.3sg　没有
"虽然农民的困难多，但是没有失去信心。"

Ziraät-lä　kälkün-dä　pütünläy　wäyran　bol-di
庄家-PL　　洪水-LOC　完全　　毁坏　　AUX-PAST

ämma　baγ-waran-la　　aman　　qal-di.
但是　　园林-PL　　　　平安无事　AUX-PAST
"虽然庄家在洪水中完全被毁坏，但是园林安然无恙。"

9. bommisa "否则"：表示条件。例如：

Iš-ni　　　waxt-i-da　　　　　tügit-iwit-äyli,　　bommisa
事儿-ACC　时间-POS.3sg-LOC　完成-DISP-IMP.1pl　否则

yamγur　yeγ-ip　　kät-sä　　　iš　　　čataq.
雨　　　下-ADVL　INTNS-COND　事儿　　麻烦
"我们赶紧把活儿做完吧，否则下雨就麻烦了。"

10. dimäk "总之、这说明"，qisqisi "总而言之"：表示总结。例如：

U　toy-γa　käm-mi-di,　dimäk　täçlip-imiz-ni　qubul　qim-mi-di.
他　婚礼-DAT　来-NEG-PAST　因此　邀请-POS.1pl-ACC　接受　AUX-NEG-PAST
"他没出席婚礼，这说明他没有接受我们的邀请。"

11. šuŋa "因此，所以"，šuniŋ üčün "因此，所以"，šuŋlašqa "因而，所以"：表示结果。例如：

Yol　patqax-kä　　šuŋa　tiz　maŋ-am-mi-dim.
路　泥泞-MOOD　因此　快　走-ABIL-NEG-PAST.1sg
"路泥泞，所以我没能快走。"

（十）感叹词
本身没有特定词汇意义，独立于句中的其他成分，表达感情色彩、赞成、呼叫、答应等附加意义的词类。乌什话中常见的感叹词如下：

1. Häppälli：表示赞扬。例如：

Häppälli,　häjäp　obdan　iš　　qil-diŋ.
好样的　　非常　好　　事儿　做-PAST.2sg
"好样的，你做得太好了。"

2. ohuy：表示惊喜或惊讶。例如：

Ohuy,　nimä diyän　omax　　bala!
哇塞　多么的　　可爱的　孩子
"哇塞，多么可爱的孩子！"

3. hupbarikalla：表示拍手叫好或欢呼之情。例如：

Hupbarikalla, iš di-yän mušunda vom-ma-m-du.

好样的 事儿 说-ADJL 这样的 是-NEG-Q-NPAST

"好样的，就应该这样嘛。"

4. häy：表示呼叫：

Häy, miyä-yä kil-ä!

嗨 这边-DAT 来.IMP.2sg-PART

"嗨，来一下这儿！"

5. wayjan (wayjanäy)：表示疼痛，惊吓等。例如：

Wayjan bäk qoq-up kät-tim.

哎哟 非常 害怕-ADVL INTNS-PAST.1sg

"哎呀，我吓坏了。"

6. apla：表示后悔、内疚、失望。例如：

Apla, u gäp-ni di-mi-säm bo-ptikä.

哎呀 那 话-ACC 说-NEG-COND.2sg 是-EVID

"哎呀，我不说那句话就好了。"

7. ästaxpurulla (ästa)：表示着急难忍。例如：

Ästaxpurulla, ämdi qanda qil-a-män.

哎呀 现在 怎么 做-AOR-1sg

"哎呀，现在该怎么办呢？"

8. towa (töwä)：表示惊讶，祈求。例如：

Towa, mušunda-mu tetixsiz adäm bul-idi-kän disä!

哎呀 这样-也 无聊 人 是-NPAST-EVID PART

"哎呀，世界上还有这样无聊的人。"

9. way-wuy：表示厌倦。例如：

Way-wuy, min-i zorla-wä-mä-ŋla-ču!

哎哟哟 我-ACC 强迫-UNINT-NEG-2pl-PART

"哎哟哟，别再逼我了。"

10. hä：表示刚刚想起，刚刚明白等心情。例如：

Hä, ma gip-iŋ jayida.

啊 这 话-POS.2sg 有道理

"啊，你这句话有道理。"

11. Isit：表示感到遗憾、后悔等心情。例如：

Isit saŋ-a qi-yan yaxšiliɣ-im-ɣa.

可惜 你-DAT 做-ADJL 好处-POS.1sg-DAT

"真后悔给你的好处。"

12. Yaalla：表示感到遗憾、后悔等心情。例如：

Yaalla   unda-mu   dä-p   kät-mä-ŋ.

哎呀   那样-也   说-ADVL   INTNS-NEG-IMP.2sgPOL

"哎呀，别那样说嘛。"

13. Way quwuɣam：表示嘲笑之情。例如：

Way quwuɣam,   di-gän   gäp-lir-i-ni   qara-ŋ.

哟哟哟   说-ADJL   话-PL-POS.3sg-ACC   看-IMP.2sgPOL

"哟哟，瞧他说的话！"

14. Way anam（way atam）：表示惊慌失措的心情。例如：

Way anam,   bu   gäp-ni   män   qačan   dä-ptimän?

我的妈呀   这   话-ACC   我   何时   说-EVID.1sg

"我的妈呀，我啥时候说了这些话？"

15. Waytaŋäy：表示不耐烦。例如：

Waytaŋay,   män   bil-mä-ydi-känmän,

天呢   我   知道-NEG-NPAST-EVID.1sg

bašqi-la-din   sora-p   bax-sila.

别人-PL-ABL   问-ADVL   TENT-IMP.2plPOL

"谁知道呢？我也不知道，您就问问其他人吧。"

乌什话中还有一些呼叫人和动物时专用的感叹词。常见的有：

16. mä：把某物交给对方时发出的声音，相当于"给你"。

17. šuk：叫人们安静时发出的声音。

18. myaw-myaw：叫唤猫的声音。

19. püš-püš：叫唤猫的声音。

20. püšä：赶猫走开的声音。

21. mäh-mäh：叫唤狗的声音。

22. kitä：赶狗走开的声音。

23. yäh-yäh：叫唤鸽子的声音。

24. tü-tü：叫唤鸡的声音。

25. čuk-čuk：叫唤小鸡的声音。

26. dutt-määä：叫唤羊的声音。

27. čïɣ-čïɣ mä：叫唤山羊的声音。

28. mö：叫唤牛的声音。

29. čö-čö mö：叫唤牛犊的声音。

30. ɣat-ɣat：叫唤鸭子的声音。

31. xit, čuh, čah：叫驴快走的声音。

32. dirt, dirt-čuh, dih：叫唤马的声音。

33. čok：叫骆驼卧下的声音。

34. täsä：叫毛驴抬脚的声音

35. taka：叫牛抬脚的声音

（十一）动词

动词表示动作行为、心理活动以及状态变化。乌什话的动词与书面语基本相似，只不过在语音上稍有差异。如 uxla-"睡觉"，yat-"躺"，yä-"吃"，ič-"喝"，kül-"笑"，žiɣla-"哭"，tur-"站"，žügür-"跑"，ač-"打开"，hürkü-"受惊"，qo:q-"惧怕"，aɣri-"疼"，tuɣ-"生（孩子）"，bošan-"分娩"，öl-"死"，yap-"关闭"，yaz-"写"，aŋla-"听"，sözlä-"说"，gäp qil-"说话"等。

动词有及物与不及物、肯定与否定、能动与非能动的对立。它还有态、人称、式和时范畴以及动名词、形动词和副动词形式。

1. 及物动词和不及物动词

（1）不及物动词：凡是不能支配宾格的动词称做不及物动词。这类动词包括：① 传统语法中所说的大部分不及物动词，如 kül-"笑"、žiɣla-"哭"、uyat-"害羞"、yügür-"跑"、uxla-"睡觉"等；② 由静词派生的某些不及物动词，如 qizar-"变红"、saɣar-"变黄"、čoŋay-"变大"等；③ 由及物动词加自动态派生的动词，如 žuyun-"洗澡，自己洗自己"、bošan-"分娩"，yasan-"打扮"、oylan-"思考"、rohlan-"振作起来"等；④ 某些交互态动词，如 körüš-"见面"、učraš-"会面"等。⑤ 介于被动态和自动态之间的某些中性动词，如 yoqal-"消失"、žiqil-"摔倒"、čeqil-"碎"等。

（2）及物动词：凡能支配宾格的动词，称做及物动词。这类动词指的是要求由宾格-ni 构成的短语作补足语的动词。这类动词包括：① 原型及物动词，如 yä-"吃"、yap-"关闭"、il-"挂"、tart-"拉"、tašla "扔"、oqu-"读"、ur-"打"、yä-"吃"等；② 某些不及物动词加使动态成分派生的动词，如 kökärt-"使变绿"、žükündür-"使跪下"。③ 某些由静词加-la-/-lä-派生的动词，如 ädäplä-"惩罚"、tilla-"骂"、mušla-"拳打"等。

除此之外还有：

（3）趋向性动词：是要求由向格-ɣa/-qa/-gä-/-kä 构成的短语作补足语的动词，如 käl-"来"、qa:la-"看"、kir-"进去"、min-"骑"等。

（4）发源性动词：是要求由从格-din/-tin 构成的短语作补足语的动词，如 čix-"出来"、hürkü-"受惊"、ayril-"离开"、qo:q-"害怕"、čöči-"惊吓"、xoš vol-"高兴"。

（5）处所性动词：是要求由地点格-da/-dä/-ta /-tä 构成的短语作补足语的动词，包括 yat-"躺下"、oltur-"坐"、tur-"站，站立"等。

（6）从事性动词：要求由后置词 bilän "跟，与……一起"构成的短语作补足语的动词。如 mäšγul vol "从事"、šuγullan-"从事"、etiš-"周旋"和 häpiläš-"打交道"。

（7）趋向性及物动词：是同时要求由一个宾格-ni 和由一个向格-γa/-qa/-gä-/-kä 构成的两个短语作补足语的动词，如 bäː-"给"、sal-"放进"、yigüz-"使吃"、oŋšat-"使修理"等。

（8）发源性及物动词：是同时要求由一个宾格-ni 和由一个从格-din/-tin 构成的两个短语作补足语的动词，如 ötnä al-"借"、soːra-"问"、al-"拿，买"等。

（9）被动动词：这类动词指由被动态成分-l/-il/-ul-/-ül-或-n/-in/-un-/-ün-派生的动词。如 oŋšal-"被修好"、čeqil "被打碎"等。

（10）引语动词 dä-"说"。

（11）多重句法特点的动词。

2. 动词的语态范畴

动词的语态范畴表示动作与主体关系的语法范畴。根据语法意义和形态标志，动词的态可以分为基本态、被动态、反身态、使动语态和交互态这五种语态。

语态名称	语态语缀
基本态	-∅
使动态	-t-/-it-/-ut-/-üt-, -r-/-ir-/-ur-/-ür-, -iz-, -sät-, -dur-/-tur-/-dür-/-tür-, -γuz-/-quz-/-güz-/-küz-
被动态	-l-/-il-/-ul-/-ül-, -n-/-in-/-un-/-ün-
反身态	-n-/-in-/-un-/-ün-, -l-/-il-/-ul-/-ül-
交互态	-š-/-iš-/-uš-/-üš-

（1）基本语态

基本态没有形态标志，动词原形就是基本态。它表示行为动作是由主体发生的。例如：

| Tötinji | ay-niŋ | axir-i-da | apa-m-ni | yoxla-ymän. |
| 第四 | 月-GEN | 末-POS.3sg-LOC | 妈妈-POS.1sg-ACC | 看望-NPAST.1sg |

"我打算四月末去看望母亲。"

| Dada-m | tötinji | ay-niŋ | 27-kün-i | wapat | bol-di. |
| 爸爸-POS.1sg | 第四 | 月-GEN | 27 日-POS.3sg | 去世 | AUX-PAST |

"我爸爸是 4 月 27 日去世的。"

（2）被动语态

表示语法主体不是行为动作的发出者，而是行为动作的承受者。例如：

Yuqa-p　　　kät-kän　　　zibu-zinnät-lä　tep-il-di.

丢失-ADVL　INTNS-ADJL　妆饰品-PL　　找到-PASS-PAST.3sg

"丢失的妆饰品已被找到。"

Parixor-la　　täkšür-ül-di.

贪官-PL　　　检查-PASS-PAST.3sg

"贪官已被查出。"

被动态在动词词干后缀加-l/-il/-ul/-ül/-al/-äl 附加成分来构成。若词干尾音为 l 或者元音的及物动词，则缀加-n/-in/-an/-än。

原态	被动态
ač-"打开"	eč-il-
yä-"吃"	yey-il-
as-"挂"	es-il-
qada-"戴"	qada-l-
sana-"数"	sana-l-
ät-"关闭"	et-il-
al-"拿"	el-in-
sal-"放进"	sel-in-
čaqir-"叫"	čaqir-il-
yasa-"修理"	yasa-l-

（3）反身态

表示主体既是行为动作的发出者，又是行为动作的承受者。反身态的构成方式与被动态一样。例如：

Därya-da　žuy-un-up　　　　kil-äy.

河-LOC　洗澡-REFL-ADVL　回来-IMP.1sg

"我去河里洗个澡。"

Žügür-üp　kit-iwat-qan　　　išäk　tez-din　arqi-ɣa　bur-ul-di.

跑-ADVL　走路-CONT-ADJL　毛驴　迅速-ABL　后-DAT　转向-REFL-PAST

"向前奔跑的毛驴迅速往后转。"

（4）使动态

表示行为动作不是由主体进行，而是请求、强制其他人完成与实现的。例如：

Bali-niŋ　　čüčük　gäp-lir-i　　　　hämmi-miz-ni　　　kül-dür-iwät-ti.

孩子-GEN　酸甜　话-PL-POS.3sg　全部-POS.1pl-ACC　笑-CAUS-DISP-PAST

"小孩甜蜜的话语使我们笑起来。"

Uka-m-ɣa　　　　　derizi-ni　　　yap-quz-dum.

弟弟-POS.1sg-DAT　窗户-ACC　关闭-CAUS-PAST.1sg

"我叫弟弟关闭了窗户。"

（5）交互态

表示行为动作由两个或两个以上的主体共同进行。例如：

Ular　turupla　muštliš-ip　　kät-ti.

他们　突然间　打架-ADVL　INTNS-PAST

"他们不知咋的打了起来。"

Aɣini-lir-im　　　bilän　ay-da　birnäččä　qetim　körüš-üp　　　tur-imiz.

朋友-PL-POS.1sg　和　　月-LOC　好几个　　次　　见面-ADVL　ITR-NPAST.1pl

"我和朋友们一个月见几次面。"

3. 动词的肯定和否定形式

动词的肯定形式：由动词词干来表示。如 maŋ-"走"、kir-"进"、išlä-"干活"等。

动词的否定形式：由动词词干缀接表示否定的附加成分-ma/-mä 构成。例如：

išlä-"干活"+mä→išlimä"不干活"

säkrä-"跳"+ma→säkrimä"不跳"

dässä-"踩"+mä→dässimä"不踩"

tatla-"挠"+mä→tatlima"不挠"

4. 动词的能动和非能动形式

动词的能动形式在动词词干上缀加能动性词尾-ala/-yala/-älä/-yälä 而构成。例如：

išlä-"干活"+yälä→išliyälä-"能干活"

kör-"看"+älä→körälä-"能看"

al-"拿"+ala→alala-"能拿"

tašla-"仍"+yala→tašliyala"能扔"

在一些开音节的词中，有时在能动性词尾前嵌入-r 音。例如：

动词词干	能动形式
yä-"吃"	yä-r-älä-"能吃"
dä-"说"	dä-r-älä-"能说"

动词能动形式的否定形式是首先在动词词干缀接能动性词尾，然后缀接否定形式词尾而构成。

5. 动词的人称、式和时

动词在句中充当谓语时发生人称和时态变化。这种变化在动词词干后缀加人称和时态附加成分来表示。

（1）时语缀

乌什话中有过去时和非过去时两种附加成分，而非过去时根据上下文可以变为现在时和将来时。过去时语缀是-di/-ti，非过去时语缀是-i/-y，可用下列表格表示：

序号	时名称	语缀	例词
1	过去时	-di/-ti/-du/-dü	išlidim "我干活了"，säkridiŋ "你跳了"，dässidi "他踩了"
2	非过去时	i/-y-	išläymän "我要干活"，säkräysän "你要跳"，köyidu "它会烧

（2）动词的人称

一个句子末尾的人称附加成分必须跟其主语的人称和数一致。

① 过去时人称语缀

过去时-Di(-di/-ti)之后出现的人称语缀

句子主语			人称语缀	例词
第一人称		单数 män "我"	-m	išlidim "我干活了"，säkridim "我跳了"
		复数 biz "我们"	-duq/-tuq	išliduq "我们干活了"，tuttuq "我们抓了"
第二人称	一般	单数 sän "你"	-ŋ	išlidiŋ "你干活了"，tuttuŋ "你抓了"
		复数 silär "你们"	-ŋla/-ŋlä	išlidiŋla "你们干活了"，tuttuŋla "你们抓了"
	尊称	单数 siz "您"	-ŋiz/-ŋuz/-ŋüz	išlidiŋiz "您干活了"，tuttuŋuz "您抓了"
第三人称		单数 u "他/她/它"	-∅	išlidi "他/她/读干活了"，tutti "他/她/抓了"
		复数 ular "他/她/它们"	-∅	išlidi "他/她/们干活了"，tutti "他/她/们抓了"

② 非过去时人称语缀

非过去时-i/-y 之后出现的人称语缀

句子主语		相应的人称语缀	例词
第一人称	单数 män "我"	-män/-ymän/-imän	išläymän "我要干活"，tutimän "我要抓"
	复数 biz "我们"	-miz/-ymiz/-imiz	išläymiz "我们要干活"，tutimiz "我们要抓"

续表

句子主语			相应的人称语缀	例词
第二人称	一般	单数 sän "你"	-sän/-ysän/-isän	išläysän "你要干活", tutisän "你要抓"
		复数 silär "你们"	-silär/-ysilär/-isilär	išläysilär "你们要干活", tutisilär "你们要抓"
	尊称	单数 siz "您"	-siz/-ysiz/-isiz	išläysiz "您要干活", tutisiz "您要抓"
第三人称		单数 u "他/她/它"	-(du)∅	išläydu "他/她要干活", tutidu "他/她要抓"
		复数 ular "他/她/它们"	-(du)∅	išläydu "他/她们要干活", tutidu "他/她们要抓"

③ 条件—假设语气人称语缀

条件—假设语气语缀-sa/-sä(-si)之后出现的人称语缀

句子主语			相应的人称语缀	例词
第一人称		单数 män "我"	-m	išlisäm "如果我干活", tutsam "如果我抓"
		复数 biz "我们"	-q/-k	išlisäk "如果我们干活", tutsaq "如果我们抓"
第二人称	一般	单数 sän "你"	-ŋ	išlisäŋ "如果你干活", tutsaŋ "如果你抓"
		复数 silär "你们"	-ŋlar/-ŋlär	išlisäŋlar "如果你们干活", tutsaŋlar "如果你们抓"
	尊称	单数 siz "您"	-ŋiz	išlisiŋiz "如果您干活", tutsiŋiz "如果您抓"
第三人称		单数 u "他/她/它"	-∅	išlisä "如果他/她干活", tutsa "如果他/她抓"
		复数 ular "他/她/它们"	-∅	išlisä "如果他/她们干活", tutsa "如果他/她们抓"

④ 祈使语气里表达的人称

祈使语气里表达的人称

句子主语			相应人称的表达	例词
第一人称		单数 män "我"	-y/-ay/-äy	tutay "让我抓", išläy "让我干活"
		复数 biz "我们"	-yli/-ayli/-äyli	tutayli "让我们抓", išläyli "让我们干活"
第二人称	一般	单数 sän "你"	-∅或-ɣin/-qin/-gin/-kin	tut "（你）读", išlä "（你）干活" 或 tutqin "（你）抓", išligin "（你）干活"
		复数 silär "你们"	-ŋlar/-ŋlär-iŋlär/-iŋlär/-uŋlar/-üŋlär	tutuŋlar "你们抓吧", išläŋlär "你们干活吧"
	尊称	单数 siz "您"	-ŋ/-iŋ/-uŋ/-üŋ	tutuŋ "您抓吧" išläŋ "您干活吧"
第三人称		单数 u "他/她/它"	-sun	tutsun "让他/她抓", išlisun "让他/她干活"
		复数 ular "他/她/它们"	-sun	tutsun "让他/她们抓", išlisun "让他/她们干活"

6. 语气成分

维吾尔语句子的语气大体上分为陈述语气、疑问语气、条件—假设语气、祈使语气、愿望语气等。每一个语气内部还可以分出好几个小类。

（1）陈述语气成分

陈述语气是人们给对方传达信息时使用的语气。陈述语气根据说话者在叙述某一事件时顺便附加的伴随信息的不同，内部还可分为直接陈述语气（简称直陈语气）、间接陈述语气（简称间陈语气）、转述语气、猜测语气、目的陈述语气、顾虑陈述语气、无定陈述语气等。

① 直陈语气

直陈语气表示说话人对所叙述的事件或状况有直接的了解。直陈语气无标记。

过去时和非过去时直陈语气成分

人称			过去时直陈语气	非过去时直陈语气
第一人称	单数		-dim/-tim/-dum/-tum/-düm/-tüm	-män
	复数		-duq/-tuq	-miz
第二人称	一般	单数	-diŋ/-tiŋ/-duŋ/-tuŋ/-düŋ/tüŋ	-sän
		复数	-diŋla/-diŋlä/-düŋlä/-tüŋlä	-silär/-isilär
	尊称	单数	-diŋiz/-dila/-dilä/-tila/-tilä	-la/-siz
第三人称	单数		-di/-ti	-du/-idu
	复数		-di/-ti	-du/-idu

例如：

Män　ürümči-gä　　ikki　yil　ilgiri　käl-dim.
我　乌鲁木齐-DAT　二　年　以前　来-PAST.1sg
"我是两年前来乌鲁木齐的。"

Aka-m　　　hazir　haraq　tamaka　di-gän-lä-din　　　qal-di.
哥哥-POS.1sg　现在　酒　烟　　QUOT-ADJL-PL-ABL　留-PAST
"我哥现在不再抽烟喝酒了。"

Üšššš,　bala-m　　uxla-wat-idu.
安静　孩子-POS.1sg　睡觉-CONT-NPAST
"请安静，我孩子在睡觉。"

Tez　bol-uŋ,　　　　poyiz　maŋ-ɣiliwat-idu.
快　AUX-IMP.2sgPOL　火车　走-INT-NPAST
"请快点，火车就要开动了。"

Tunji　　kitab-im　　　5-ay-da　　　　näšr　　qil-in-idu.

第一个　　书-POS.1sg　5 月-LOC　　出版　　AUX-PASS-NPAST

"我的第一部专著将在 5 月份出版。"

Waqit　　čiq-qan-da　　silä-ni　　　yoqla-p　　　öt-imän.

时间　　出-ADJL-LOC　你们-ACC　看望-ADVL　PRFM-NPAST.1sg

"有空时我去看看你们。"

② 间陈语气

间陈语气表示说话人对所叙述的事件或状况的了解不是直接的，而是通过某种渠道或凭某种事实而有了间接了解。

间陈语气成分

人称			过去时间陈语气		非过去时间陈语气	
			时和人称	例词	时和人称	例词
第一人称	单数		-ptimän, -känduxmän	išläptimän "原来我干活了"，dixankänduxmän "原来（那时）我还是个农民"	-y/-idikänmän, -känmän	išläydikänmän "原来我要干活"，dixankänmän "看来我还是农民"
	复数		-ptimiz, -känduxmiz	išläptimiz "原来我们干活了"，dixankänduxmiz 原来（那时）我们还是个农民"	-y/-idikänmiz, -känmiz	išläydikänmiz "原来我们要干活"，dixankänmiz "看来我们是农民"
第二人称	一般	单数	-psän,-kän(dux-)sän	išläpsän "原来你干活了"，dixankänduxsän "原来（那时）你还是个农民"	-y/-idikän-sän, -känsän	išläydikänsän "原来你要干活"，dixankänsän "看来你是个农民"
		复数	-psilä,-kän(dux-)silä	išläpsilä "原来你们干活了"，dixankänduxsilä "原来（那时）你们还是农民"	-y/-idikänsilä, -känsilä	išläydikänsilä "原来你们要干活"，dixankänsilä "看来你们是农民"
	尊称	单数	-psiz,-kän(dux-)siz	išläpsiz "原来您干活了"，dixankänduxsiz 原来（那时）您还是个农民"	-y/-idikän-siz, -ikänsiz	išläydikänsiz "原来你要干活"，dixankänsiz "看来您是个农民"
第三人称	单数		-ptu,-känduq	išläptu "原来他/她干活了"，dixankänduq "看来他/她（那时）还是个农民"	-y/-idikän, -kän	išläydikän "原来他/她/要干活"，dixankän "看来他/她是个农民"
	复数		-ptu,-ikänduq	išläptu "原来他/她们干活了"，dixankänduq "看来他/她们（那时）还是农民"	-y/-idikän, -kän	išläydikän "原来他/她/们要干活"，dixankän "看来他/她们是农民"

例如：

Telefon-ni　xata　ur-up　　　qoy-uptimän.

电话-ACC　错误　打-ADVL　ADVN-EVID.1sg

"我不小心打错了电话。"

Bu iš-ni silä-gä dä-p qoy-uš
这 事儿-ACC 你们-DAT 说-ADVL ADVN-NOML

yad-im-din čiq-ip qa-ptu.
记忆-POS.1sg-ABL 出-ADVL FACT-EVID

"我忘了把这件事告诉你们。

Siz män yoq čaγ-da ki-psiz.
您 我 没有 时间-LOC 来-EVID.2sgPOL

"您是我不在的时候来的。

Biz etiz-γa bar-γučä kala öl-üp qa-ptu.
我们 农田-DAT 去-gučä.ADVL 牛 死-ADVL FACT-EVID

"我们赶到农田之前，牛死了。

Tuqqan-la mušu šänbä kel-idi-kän.
亲戚-PL 这个 周六 来-NPAST-EVID

"据说，亲戚们将在周日来拜访。"

Tätil-dä ikiskursiyä-gä bar-idi-känmiz.
假期-LOC 参观-DAT 去-NPAST-EVID.1pl

"据说在假期我们去参观旅游。"

Öy-gä kir-säm apa-m nan yeq-iwet-iptu.
家-DAT 进-COND.1sg 妈妈-POS.1sg 烤馕 AUX-CONT-EVID

"我进屋时妈妈在烤馕。"

（2）转述语气

表示说话人把自己听说的，已经发生、正在发生或即将发生的行为动作以不肯定的语气转述给对方。转述语气分为过去时和非过去时两种。

过去时和非过去时转述语气成分

人称		过去时转述语气		非过去时转述语气	
		时和人称	例词	时和人称	例词
第一人称	单数	-ptidäk-män/-pti-mišmän, -känmišmän	išläptudäkmän/išläptum išmän "据说我干活了"，dixankänmišmän "据说（那时）我还是个农民"	-Gudäk-män/-A-mi šmän/-y/-mišmän	išligüdäkmän/išlämišmän/ išläymišmän "据说我要干活"，dixanmišmän "据说我是个农民"
	复数	-ptidäk-miz/-pti-mišmiz, -känmiš-miz	išläptidäk-miz/išläpti-m išmiz "据说我们干活"，dixankänmiš-miz "据说（那时）我们还是农民"	-Gudäk-miz/-Ar-mi šmiz/-y/-imišmiz	išligüdäkmiz/išlämišmiz/i šläymišmiz "据说我们要干活"，dixanmišmiz "据说我们是农民"

续表

人称			过去时转述语气		非过去时转述语气	
			时和人称	例词	时和人称	例词
第二人称	一般	单数	-ptidäk-sän/-pti-miššän, -känmiš-sän	išläptudäksän "据说你干活了", dixankänmiššän "据说（那时）你还是个农民"	-Gudäk-sän/-A-miš sän/-y/-imiššän	išligüdäksän/išlämiššän/išläymiššän "据说你要干活", dixanmiššän "据说你是个农民"
		复数	-ptidäk-silär/-pti-miššilär, -känmiššilär	išläptidäksilä/išläptimiššilär "据说你们干活了", dixankänmiš-silär "据说（那时）你们还是农民"	-Gudäk-silär/-Ar-m iššilär/-y/-imiššilär	išligüdäksilär/išlämiššilär/išläymiššilär "据说你们要干活", dixanmiššilär "据说你们是农民"
	尊称	单数	-ptidäk-siz/-pti-miššiz, -känmiš-siz	išläptidäksiz/išläptimiššiz "据说您干活了", dixankänmiššiz "据说（那时）您还是个农民"	-Gudäk-siz/-Ar-miš siz/-y/-imiššiz	išligüdäksiz/išlämiššiz/išläymiššiz "据说您要干活", dixanmiššiz "据说您是个农民"
第三人称		单数	-ptidäk/-ptimiš, -känmiš	išläptidäk/išläptmiš "据说他/她干活了", dixankänmiš "据说他/她（那时）还是个农民"	-Gudäk/-A(r)miš-/-y/-imiš	išligüdäk/išlämiš/išläymiš "据说他/她要干活", dixanmiš "据说他/她是个农民"
		复数	-ptidäk/-ptimiš, -känmiš	išläptidäk/išläptimiš "据说他/她干活了", dixankänmiš "据说他/她（那时）还是个农民"	-Gudäk/-Armiš/-y/-imiš	išligüdäk/išlämiš/išläymiš "据说他/她要干活", dixanmiš "据说他/她是个农民"

例如：

U öz-i-gä čirayliq bir layiq tep-iptu-däk.
他 自己-POS.3sg-DAT 漂亮 一 对象 找到-EVID-SML
"据说他找了一个非常漂亮的对象。"

Mämät az-tola šeir yez-ip qoy-a-miš
买买提 一些 诗 写-ADVL ADVN-AOR-HEAR
"听说买买提会写点诗。"

Axšam čüš-üm-dä daŋliq bir aliy mäktäp-tä oqu-ptu-däk-män.
昨晚 梦-POS.1sg-LOC 著名 一 大学-LOC 读书-EVID-SML-1sg
"昨夜梦里我上了一个非常有名的大学。"

（3）猜测语气

表示说话人以不完全确定的、揣测的、估计的语气陈述动作行为。通常带有疑问语调。

猜测语气成分

人称			主观猜测语气	客观猜测语气
第一人称		单数	bolɣiytim	oxšaymän
		复数	bolɣiytuq	oxšaymiz
第二人称	一般	单数	bolɣiytiŋ	oxšaysän
		复数	bolɣiytiŋla	oxšaysilä
	尊称	单数	bolɣiytiŋiz	oxšaysiz
第三人称		单数	bolɣiyti	oxšaydu
		复数	bolɣiyti	oxšaydu

例如：

Iš-lar　　u　čaq-qičă　　　tügi-gän　　　bolɣiyti?
事儿-PL　那　时间-gičă.ADVL　完成-ADJL　GUESS
"到那时候，应该把事都做完了吧？"

Köwrük　buz-ul-up　　　kät-kän　　　oxšaydu,　asta　meŋ-iŋ.
桥　　　坏-PASS-ADVL　INTNS-ADJL　GUESS　慢　走-IMP.2sgPOL
"桥好像坏了，请慢走。"

U　hazir　ürümči-dä　　　oxšaydu.
他　现在　乌鲁木齐-LOC　GUESS
"他现在好像在乌鲁木齐。"

（4）目的陈述语气

目的陈述语气在-maqči/-mäkči 后面缀接相应的时和人称语缀而形成，它表示按计划或者打算要进行的某一件事。例如：

Bu　yil　män-mu　dokturluq-qa　imtahan　bär-mäkči.
这　年　我-也　博士-DAT　　考试　　给-INT
"今年我也想考博。"

Bir　gäp-ni　tägä-wer-ip　　　nimä　di-mäkči-sän?
一　话-ACC　重提-UNINT-ADVL　什么　说-INT-2sg
"老重复同一句话想说什么呢？"

（5）顾虑陈述语气

顾虑陈述语气表示说话人对某事发生的忧虑。顾虑陈述语气以 miɣidi/-migidi 的形式出现。例如：

Iš-la　　tügä-p　　kät-kičä　　　　　yamɣur　yeɣ-ip　kät-migidi.
事儿　　完　成　INTNS-gičă.ADVL　雨　　　下　　INTNS-WORRY
-PL　　　-ADVL　　　　　　　　　　　　　　　-ADVL

"但愿干完活以前不下雨。"

Poyiz	meŋ-iš-tin	burun	kečik-ip	qal-miɣiduq.
火车	走-NOML-ABL	以前	迟到-ADVL	FACT-WORRY.1pl

"但愿火车开动前我们能赶到。"

（6）无定陈述语气

无定陈述语气（也被称为或然语气）表示说话者对所陈述事件发生的可能性没有任何把握。它由语缀-mikin 缀接在其他陈述语气末尾而形成。例如：

Apa-m	bügün	käš-lä-dä	tilpon	qi-p	qal-a-mikin.
妈妈-POS.1sg	今天	晚上-PL-LOC	电话	AUX-ADVL	FACT-AOR-PROB

"我妈很有可能今晚来电话。"

Ätiyaz-da	ürümči-gä	bar-ay-mikin.
春天-LOC	乌鲁木齐-DAT	去-IMP.1sg-PROB

"我打算今年夏天去乌鲁木齐。"

（7）疑问语气成分

乌什话中的疑问语气与书面语的基本相同，常见的疑问语气有：是非疑问语气、特殊疑问语气成分、选择疑问语气成分、附加疑问语成分、追问语气成分、惊异疑问语气成分等。

① 是非疑问语气成分

是非疑问也就是给对方提出用"是"或"不是"等做出肯定或否定回答的问题。乌什话的是非疑问语气成分就是疑问语气助词-mu。例如：

Ulaqqari-la-ɣa	ot	se-p	bä-diŋ-mu?
牲畜-PL-DAT	草	放-ADVL	给-PAST.2sg-Q

"牲畜吃的饲料给了没有？"

Bu	iš-ni	öz-äm-la	qil-iwit-äy-mu?
这	事儿-ACC	自己-POS.1sg-PART	做-DISP-IMP.1sg-Q

"让我一个人做这件事，好吗？"

② 特殊疑问语气成分

特殊疑问语气指的是构成特殊疑问句的疑问代词 kim "谁"、nimä "什么"、qaysi "哪一个"、qandaq "怎样"、qačan "什么时候，何时"、qanča 或 näččä "多少"、qeni "在哪里，哪儿呢"、qäyär "哪里"、nä "哪儿"、nimišqa "为什么"等。例如：

Qeni	maxta-p	kät-kän	dost-lir-iŋ?
哪儿	夸-ADVL	INTNS-ADJL	朋友-PL-POS.2sg

"你那些夸夸其谈的朋友在哪里？"

Atani-ŋiz　　　　　　qandaq　　tur-di?
父母-POS.2sgPOL　　怎么样　　AUX-PAST

"你父母境况如何？"

③ 选择疑问语气成分

选择疑问语气成分就是……-mu yaki……mu？"是……还是……？"的结构。连词 yaki 也可以省略掉。例如：

Qoγun　　yä-m-siz　　　　yaki　　tawuz　　yä-m-siz?
甜瓜　　吃-Q-2sgPOL　　还是　　西瓜　　吃-Q-2sgPOL

"吃甜瓜还是吃西瓜？"

Piyadä　　kil-ä-m-siz　　　　welispit-ti-mu?
步行　　来-AOR-Q-2sgPOL　　自行车-LOC-Q

"您走着来还是骑着自行车来？"

④ 附加疑问语气成分

附加疑问语气成分表现为一个肯定或否定陈述句末尾再加一个 šundaqmu "不是吗"或 šundaqqu "是这样的吧"等带疑问助词的指示代词。例如：

Bu　öy　silä-niŋ　　　ämäš,　šundaqqu?
这　房子　你们-GEN　不是　是吧

"这房子不是你们的，是不是？"

Sän　läγmäŋ-gä　amraq　ämäs,　šundaqqu?
你　拉面-DAT　喜欢　不是　是吧

"你不爱吃拉面，是不是？"

⑤ 追问语气成分

追问语气成分也就是追问语气助词-ču。例如：

Bašqi-la-ni-mu　　mihman　qi-psän,　　　mi-ni-ču?
其他人-PL-ACC-也　请客　　AUX-EVID.2sg　我-ACC-INQ

"你把其他人都请了，我呢？"

Hämmäylän-gä　ber-ipsiz,　　　ma-ŋi-mu　ber-iŋ-ču?
所有人-DAT　　给-EVID.2sgPOL　我-DAT-也　给-INP.2sgPOL-INQ

"把其他人的份儿都给了，我的呢？"

⑥ 惊异疑问语气成分

惊异疑问语气成分就是语气助词-γu/-qu，表示对所叙述的事件或者人或事物感到惊讶或意外，并试图进一步地证实这一状况。例如：

Dada,　ma-ŋi-mu　kämpüt　bä-mi-diŋiz-γu?
爸爸　我-DAT-也　糖　　给-NEG-PAST.2sgPOL-SURP

"爸，您没有给我糖呀"

U   xät-ni   sän   yaz-ɣan-ɣu?

那   信-ACC   你   写-PERF-SURP

"那封信是你写的呀？"

（8）条件—假设语气成分

表示说话者对行为动作的假设或所提出的条件。条件—假设语气成分是语缀-sa/-sä(-si)，末尾出现相应的人称语缀。除了条件—假设语气外，它还表示衬托—凸显、让步、恳求、遗憾、劝说等多种语气。

Yär   yaxši   häydä-l-sä,   obdan   suɣur-ul-sa,   oɣut

地   好   耕耘-PASS-COND   好   灌水-PASS-COND   肥料

jiq   tök-ül-sä,   hosul-mu   yaxši   bol-idu.

多   施-PASS-COND   收成-也   好   变成-NPAST

"要是地被耕好，水被灌好，肥被施好，那么收成就会是好的。"

Hazir   yol-ɣa   čix-sam   käš

现在   路-DAT   出-COND.1sg   晚上

bo-ɣicä   yit-ip   bar-imän.

变成-gičä-ADVL   到达-ADVL   AUX-NPAST.1sg

"如果现在出发，黄昏之前能到达。"

① 条件—假设语气

语缀-sa/-sä 最主要的功能就是表示条件—假设。也就是说，它出现在从句末尾，为主句中的某一个判断提供一个虚拟的心理空间。例如：

Yaxši   oqu-saŋlar   kälgüsi-dä   yaramliq   adäm   bol-isilär.

好   上学-COND.2pl   将来-LOC   有用的   人   变成-NPAST.2pl

"如果你们好好上学，将来做有用之才。"

Waxt-i-da   käl-gän   bol-siŋiz

时间-POS.2sg-LOC   来-ADJL   是-COND.2sgPL

biz   poyiz-ɣa   kečik-ip   qal-may-ttuq.

我们   火车-DAT   迟到-ADVL   FACT-NEG-AOR-PAST1pl

"要是您准时到，我们不会赶不上火车。"

② 衬托—凸显语气

语缀-sa/-sä 出现在从句末尾，表示一种衬托—凸显语气，突出强调一种事实的存在。例如：

Män   mö   di-mi-säm   u-niŋ-din   tiwiš   čiq-idiɣan-däk   ämäs.

我   哼哼   说-NEG-COND.1sg   他-GEN-ABL   声音   出-diɣan.ADJL-SML   不是

"要是我不吭声，看样子他不会有任何反映。"

Waqit　qis　tur-sa　　　　äzmilik　qil-saŋ　　　　bol-a-m-du?

时间　短　AUX-COND　磨蹭　AUX-COND.2sg　可以-AOR-Q-NPAST

"时间如此紧，你这样拖拖拉拉怎么行？"

③ 让步语气

让步语气在条件—假设语气语缀-sa/-sä 末尾缀接追加语气助词-mu 而构成。它表示在从句中退一步假设或提出某种不利因素的情况下，主句所陈述的事件照样发生。例如：

Kečik-ip　　qa-saq-mu　　　　ba-may　　　　bom-ma-ydu.

迟到-ADVL　FACT-COND.1pl-也　去-NEG.ADVL　可以-NEG-NPAST

"即便迟到，也不能不去。"

Yol　žiraq　bo-mi-si-mu　　　balduraq　yol-ɣa　čiq-ayli.

路　远　是-NEG-COND-也　早点　路-DAT　出-IMP.1pl

"虽然路途不远，我们还是早点出发吧。"

④ 恳求语气

恳求语气在-sa/-sä 加人称语缀的基础上再加系词 kän（即 ikän）来构成。它们出现在一个简单句的末尾，表示恳求对方做出某件事。在类似用法中，句末的系词 ikän 也可以省略。例如：

Män　üčün　bir　pačä　xät　yez-ip　　　bä-siŋizkän.

我　为了　一　片　信　写-ADVL　ALTR-ENT.2sgPOL

"请您帮我写一封信。"

Bala-m-ɣa　　　　　bir　yitäkčilik　qi-p　　　bä-siŋiz.

孩子-POS.1sg-DAT　一　指导　AUX-ADVL　ALTR-ENT.2sgPOL

"请你指导一下我的孩子。"

⑤ 心愿语气

心愿语气在-sa/-sä 加人称语缀的基础上再加系词 di（即 idi）来构成，表示说话者强烈的心愿。在类似用法中，句末的系词 idi 也可以省略。例如：

Yänä　azraq pul-um　　　bol-sidi, kompyuter-din bir-ni　ala-t-tim-dä.

又　一点　钱-POS.1sg　有-WISH　电脑-ABL　一-ACC 买-AOR-PAST.1sg-PART

"如果我还有点钱，我将买一台电脑。"

Čiš-im　　　　bol-sidi,　göš　čayna-y-tim　　　hazirqi-däk　čaɣ-la-da.

牙齿-POS.1sg　有-WISH　肉　咀嚼-AOR-PAST.1sg　现在-SML　时间-PL-LOC

"要是有健全的牙齿，在这么好的年代我会经常吃肉。"

⑥ 遗憾语气

遗憾语气在-sa/-sä 加人称语缀的基础上再加语气助词-ču 来构成，表示说话者对已经失去的某种机会的遗憾。例如：

Ixtisad-imiz yaxšilan-ɣan-da dada-m-mu bol-ɣan bolsiču.

经济-POS.1pl 改善-ADJL-LOC 爸爸-POS.1sg-也 有-ADJL REG

"经济条件改善了，我爸爸也在世多好啊。"

Axšamqi olturuš-ta sän-mu bo-ɣan bosančǔ.

昨晚的 聚会-LOC 你-也 有-ADJL REG.2sg

"昨晚的聚会上你也在就好啦。"

⑦ 劝说语气

劝说语气在-sa/-sä 加人称语缀的基础上再加判断系词 bolidu "可以"来构成，表示说话者给对方以意见建议的形式提出一种义务或必须做的事。例如：

Ammiwi sorun-la-da tamaka čäk-säk bom-ma-ydu.

公共 场合-PL-LOC 烟 抽-COND.1pl 可以-NEG-NPAST

"不能在公共场合吸烟。"

Öz-äŋ-din kičik-lä-ni bozäk qi-saŋ bo-ma-ydu.

自己-POS.2sg-ABL 小-PL-ACC 欺负 AUX-COND.2sg 可以-NEG-NPAST

"你别欺负比自己小的孩子。"

（9）祈使语气成分

表示说话者以命令、请求、愿望、劝告、号召等语气来表达的动词形式称作动词的祈使式。

祈使语气成分

人称			祈使语气成分
第一人称	单数		-y/-ay/-äy
	复数		-yli/-ayli/-äyli
第二人称	一般	单数	-∅, -ɣin/-qin/-gin/-kin
		复数	-ŋla/-ŋlä-iŋla/-iŋlä/-uŋla/-üŋlä
	尊称	单数	-ŋ/-iŋ/-uŋ/-üŋ
第三人称	单数		-sun
	复数		-sun

例如：

Gäp-ni az qi-p köpräk išlä-yli.

话-ACC 少 做-ADVL 多点 干活-IMP.1pl

"我们少说话，多干活儿吧！"

Noruz bayri-miŋiz mubaräk bol-sun!

诺茹孜 节日-POS.2sg 祝贺 AUX-IMP

"祝您诺茹孜节快乐！"

Birdäm　　oltur-iŋ-ä,　　　　　paraŋliš-ayli.
一会儿　　坐-IMP.2sg-PART　　聊天-IMP.1pl
"请您坐一会儿，我们聊聊天吧。"

Awal　　sän　dä,　　　　　andin　män　dä-y.
首先　　你　说.IMP.2sg　然后　我　　说-IMP.1sg
"你先说，然后我说吧。"

（10）愿望语气成分

愿望语气成分是-γay/-qay/-gäy/-käy)，表示人们强烈愿望或希望的语气，用在祈祷、发誓、许愿等场合中的频率较高。例如：

Allah　　ömri-ŋiz-ni　　　　　　uzun　qil-γay!
真主　　寿命-POS.2sgPOL-ACC　长　　AUX-DES
"愿真主赐您长寿！"

Undaq　nakäs-lä-gä　　učra-p　　qel-iš-tin　　　　　xuda　saqli-γay.
那种　　混蛋-PL-DAT　遇到-ADVL　FACT-NOML-ABL　真主　保佑-DES
"但愿真主别让我遇到那种王八蛋。"

Allah　　dua-yimiz-ni　　　ijabät　qil-γay.
真主　　祷告-POS.1pl-ACC　接受　　AUX-DES
"愿真主应允我们的祈祷。"

Allah　　jaja-ŋ-ni　　　　bär-gäy!
真主　　惩罚-POS.2sg-ACC　给-DES
"但愿真主惩罚你。"

7. 虚义动词的分类及语法特征

虚义动词包括系动词、体助动词和构词轻动词三个小类。

（1）系动词

系动词简称系词，它把主语和表语联系起来，做出判断和结论。系动词根据各自的句法特征，内部可以分出如下几类：

① 直接判断系词：用于说话者在直接得知的某一信息基础上作出的判断上。常见的直接判断系词有下列几个：

A. i-"是"：

系动词 i-与过去时+人称成分合并的形式

人称	过去时+人称成分
第一人称单数	idim (tim)
第一人称复数	iduq (tuq)

人称	过去时+人称成分
第二人称单数（普称）	idiŋ (tiŋ)
第二人称复数（普称）	idiŋlär (tiŋla)
第二人称单数（尊称）	idiŋiz (tiŋiz)
第三人称单复数	idi (ti)

系动词 i-在具体言语中一般被省略。

例如：

Män　u　čaɣ-da　　kičik-tim.

我　　那个　时间-LOC　　小-COP.PAST.1sg

"那时候我还小。"

Bu　iš-la　　bo-ɣan-da　　　　sän　yoq-tiŋ.

这　事儿-PL　发生-ADJL-LOC　　你　不在-COP.PAST.2sg

"这些事发生时你不在。"

B. -dur/-tur "是"：-dur/-tur 用于现在时，一般可以被省略。

C. bol-"成为，是"：如 Bižil miwä-čiwilä obdan boldi "今年水果长势很好"等。

D. ikän (kän, kä) "原来是，据说是"：ikän 是由直接判断系词 i-与形容词化成分-kän 合并而成的，专门用来表示间接判断。例如：

U-niŋ　qeynani-si　　doxturxan-di-kän.

他-GEN　岳母-POS.3sg　医院-LOC-COP.EVID

"听说他的岳母在医院。"

Bu　kitap-ni　män-mu　　oqu-ɣan-känmän.

这　书-ACC　我-也　　　读-ADJL-COP.EVID.1sg

"原来我也读过这本书。"

E. -miš/imiš "据说是"：用来表示间接判断。例如：

U　rasa　pul　tep-ip　　milyoner　bol-a-miš.

他　使劲　钱　赚-ADVL　百万富翁　当-AOR-HEAR

"听说他要狠狠赚钱，做百万富翁。"

U　daŋliq　yazɣuči-miš.

他　著名　作家-HEAR

"听说他是著名的作家。"

F. oxša-"好像是，似乎是"：表示猜测。例如：

Poyiz　yänä　birär　　saät-tin　keyin　kil-idiɣan　oxšaydu.

火车　再　大约一个　小时-ABL　以后　来-ADJL　GUESS

"看来火车再过一个小时才到。"

G. (-däk /-täk) qil-"似乎是"：表示一种猜测，如 yamɣur yaɣqandäk qilidu "好像在下雨。"

② 结果判断系词：结果判断系词用来表示对事物数量、质量、状态等结果作出的判断。常见的结果判断系词如下：

H. čiq-"结果为"：用作系词时表示经过测量、计算或试验后的结果。例如：

Bu bi taɣar buɣday-niŋ eɣirliq-i ällik kilo čiq-idu.

这　一　麻袋　小麦-GEN　重量-POS.3sg　五十　公斤　COP-NPAST

"这一大袋小麦的重量合 50 公斤。"

Män sän-din däl bir yaš čoŋ čiq-imän.

我　你-ABL　正正　一　岁　大　COP-NPAST.1sg

"我比你整整大一岁。"

I. käl-"结果为，呈现为"：用作系词时表示经过测量或试验后的结果。例如：

Bu ayaq put-um-ɣa käm-mä-ydi-kän, bašqi-si-ni ber-iŋ.

这　鞋　脚-POS.1sg-DAT　COP-NEG-NPAST-EVID　其他-POS.3sg-ACC　给-IMP.2sgPOL

"这双鞋不合我的脚，请拿另一个。"

③ 否定判断系词

J. ämäs "不是"：其主要功能是作出否定判断，如 adäm ämäs "不是人"，yaman ämäs "不坏、不错"，asan ämäs "不容易"，öydä ämäs "不在家"等。

（2）体助动词

体是伴随动词出现的一种范畴，表示所叙述的动作的类型、持续状况以及动作是否完成等。常用的体助动词如下：

① 进行体成分-ºwat-（-wat/-iwat-/-uwat-/-üwat-）：

Bošraq gäp qil-iŋ, leksiyä aŋla-wat-imän.

轻点　说话　AUX-IMP.2sgPOL　讲座　听-CONT-NPAST.2sg

"声音轻点儿，我在听讲座。"

Siz käl-gän-dä män hädäp uxla-wat-qan i-dim.

您　来-ADJL-LOC　我　正在　睡觉-CONT-ADJL　COP-PAST.1sg

"您来时我正在睡觉。"

② 欲动体成分-ɣili/-qili/-gili/-kili + -ºwat-：

Tola aldirat-mi-siŋiz-ču, män-mu maŋ-ɣiliwat-imän.

那么　催促-NEG-COND.2sg-INQ　我-也　走-INT-NPAST.1sg

"别那么催，我也在准备走呢。"

③ 能动体成分-la-/-lä-//- yala -/-yälä-：

Undaq　　maqali-ni　　män-mu　　yaz-ala-ymän.

那种　　　文章-ACC　　我-也　　　写-ABIL-NPAST.1sg

"那样的文章我也会写。"

④ 无阻体成分-wä(r)-/-iwä(r)-：

Aɣz-iŋ-ɣa　　　nimä　　kä-sä　　dä-wär,　　pärway-im päläk.

嘴-GEN-DAT　　什么　　来-COND　　说-UNINT　　置之不理.1sg

"你想说什么就说吧，我根本不在乎。"

⑤ 尝试体成分 baq-/-kör-：

Yänä　　dä-p　　　　baq-ä!

再　　　说-ADVL　　TENT-PART

"敢再说一次！"

⑥ 起始体成分（-ɣili）bašla-：

Mehman-lar　　birbirläp　　kil-iš-kä　　　　bašli-di.

客人-PL　　　一个一个地　　来-NOML-DAT　　INIT-PAST

"客人们一个接着一个来。"

⑦ 呈现体成分 qal-：

Bir yardäm qil-siŋiz　　　　　　boptikän, yol-din　　ez-ip　　　　qal-dim.

一　帮助　　AUX-COND.2sgPOL ENT　　　路-ABL　迷-ADVL　FACT-PAST.1sg

"请您帮帮忙好吗，我不小心迷了路。"

⑧ 先动体成分 qoy-：

Undaq　　šäxsiyätčilik qil-ma-y　　　biz-ni-mu　　oyla-p　　　qoy.

那种　　　自私　　　做-NEG-ADVL 我们-ACC-也　想-ADVL　ADVN.IMP.2sg

"别那么自私，把我们也想一想。"

⑨ 强化体成分 kät-：

Tuyuqsiz　harwi-niŋ　　čaq-i　　　　etil-ip　　　kät-ti.

突然　　　车-GEN　　轮-POS.3sg　　炸-ADVL　INTNS-PAST

"突然车轮炸了。"

Gep-iŋ　　　häjäp　　tügi-mä-y　　　　kät-ti.

话-POS.3sg　那么　　完-NEG-ADVL　　INTNS-PAST

"你的话怎么就说不完。"

⑩ 处置体成分-°wät-（<-°p ät-）：

Xät-ni　　qiynalmay-la　　yez-iwät-tim.

信-ACC　轻松地-PART　　写-DISP-PAST.1sg

"我把信很轻松地写完了。"

Köz-i-gä　　　　　　　qar-ap　　　　öz-äm-ni

眼睛-POS.3sg-DAT　　看-ADVL　　自己-POS.1sg-ACC

tut-al-ma-y　　　　　　kül-iwät-tim.

控制-ABIL-NEG-ADVL　　笑-DISP-PAST.1sg

"看他的眼神，我情不自禁地笑了起来。"

⑪ 除去体成分 tašla-：

U-ni　　　kör-säŋ-la　　　　　ixtiyarsiz　kül-üp　　　tašla-ysän.

他-ACC　　看-COND.2sg-PART　不禁　　笑-ADVL　　ELM-NPAST.2sg

"一看到他，你会不禁大笑。"

⑫ 利己体成分 -ºwal-(<-ºp al-)：

Yalɣan-din kikäč bol-iwel-ip　　　　tola　xupsänlik qil-mi-saŋ-ču.

假装-ABL 结巴 当-SELF-ADVL　　那么 装糊涂　AUX-NEG-COND.2sg-PART

"你别装做磕磕巴巴装糊涂。"

⑬ 利他体成分 bär-：

Hawa　mušundaq　yaxši bol-up　　bär-sä　　　ziraät-lär taza　oxša-ydu.

天气　这样　　好　是-ADVL ALTR-COND　庄家-PL　十分　好-NPAST

"天气一直这么好的话，庄家长势也会很好的。"

⑭ 完成体成分 bol-：

Siz　täwsiyä qil-ɣan　　kitap-ni　oq-up　　　bol-dum.

您　推荐　AUX-ADJL　书-ACC　读-ADVL　PERF-PAST.1sg

"您推荐的书我读完了。"

⑮ 终结体成分 čiq-：

Äsli　čataq-niŋ　nädilik-i-ni　　　tep-ip　　čiq-tuq.

原来　问题-GEN　哪儿-POS.3sg-ACC　找-ADVL　TERM-PAST.1pl

"我们找出了问题在哪里。"

⑯ 一贯体成分 käl-：

Uzun bol-di,　siz-ni　　yošurun yaxši kör-üp　　kel-iwat-imän.

长　是-PAST　您-ACC　暗地里　爱慕　AUX-ADVL　PERS-CONT-NPAST.1sg

"长期以来，我在暗地里眷恋着您。"

⑰ 执行体成分 öt-：

Yuqiri-din　　käl-gän　　bašliq　nöwättiki　namratliq

上级-ABL　　来-ADJL　领导　当前的　　贫困

mäsili-si　　häqqidä　toxtil-ip　　öt-ti.

问题-POS.3sg　关于　　谈及-ADVL　PRFM-PAST

"上级派来的领导讲到了目前的贫困问题。"

⑱　重复体成分 tur-：

Biz-ni	untu-p	kät-mä-ŋ,		xät	yez-iš-ip
我们-ACC	忘记-ADVL	INTNS-NEG-IMP.2sgPOL		信	写-RECIP-ADVL

tur-ayli.

ITR-IMP.2pl

"请别忘记我们，经常通信吧。"

⑲　投入体成分 žür-：

Toxtimay	iltimas	qil-ip	žür-üp	bir	eɣiz	öy	häl
不停地	申请	AUX-ADVL	DEV-ADVL	一	间	房子	解决

qil-dim

AUX-PAST.1sg

"不停地申请，终于申请到了一间房子。"

⑳　分心体成分 oltur-：

Bu	gäp-ni	qayta	täkrarla-p	oltur-ma-ymän.
这	话-ACC	再	重复-ADVL	DISTR-NEG-NPAST.1sg

"我不再重复这句话。"

（3）构词轻动词

用来构成复合动词的助动词叫做构词轻动词。常用的构词轻动词：qil-"做、弄"，bol-"成为，变为"，ät-"做"，yaq-"贴"，bär-"给"，al-"拿"，čäk-/ta:t-"吸，拉，抽"，kör-"看"，qal-"留下"等。

8. 静词化语缀

乌什话的静词化语缀包括传统的形动词、动名词和副动词附加成分。这些成分缀加在一个动词末尾，分别使整个动词短语形容词化、名词化或副词化，构成相应的形容词化短语、名词化短语或副词化短语。

（1）形容词化语缀及其语法功能

乌什话的形容词化语缀有-Gan(=-ɣan/-qan/-gän/-kän)和-Ar(=-r/-ar/-är)两种，其中-Ar本身带未完体或不断发生体意义，在乌什话中用得比较少；-GAn带有发生体或传统上所说的完成体意义，如果它前面出现未完成体成分-idi-/-ydi-，它就会带上未完发生体的双重体；如果它前面出现进行体成分-ºuwat-，它会有进行发生体的双重体。

序号	形容词化语缀名称	体意义	语缀
1	-Gan 形容词化语缀	完成发生体	-ɣan/-qan/-gän/-kän
		未完发生体	-idiɣan ~-ydiɣan
		进行发生体	-watqan/-iwatqan/-uwatqan/-üwatqan
2	-Ar 形容词化语缀	未完发生体	-r/-ar/-är

例如：

Änwär　　yaz-γan　　hikayä　rayon　därijilik　mukapat-qa　eriš-ti.
安尼瓦尔　写-ADJL　小说　区　级　奖励-DAT　得到-PAST
"安尼瓦尔写的小说获得了区级奖励。"

Bu　harwa　maŋ-idiγan　　yol　ämäs.
这　车　走-idiγan.ADJL　路　不是
"这不是马车走的路。"

Öt-är　yol-diki　taš　tikän-lär-ni　tazili-wit-iŋlar.
过-AOR　路-LQ　石头　荆棘-PL-ACC　清理-DISP-IMP.2pl
"请把过道上的石块、荆棘清理一下。"

（2）名词化语缀及其语法功能

一个名词化语缀缀接在一个动词短语末尾就可形成名词化短语。乌什话里名词化语缀有-°š(=-š/-iš/-uš/-üš)、-mAK(=-maq/-mäk)和-GU(= -γu/-qu/-gü/-kü)三种。-mAK 名词化语缀在其他方言中使用范围比较狭窄，但是在乌什话中出现的频率比较高。

序号	名词化语缀名称	语缀
1	-°š 名词化语缀	-š/-iš/-uš/-üš
2	-mAK 名词化语缀	-maq/-mäk
3	-GU 名词化语缀	-γu/-qu/-gü/-kü

例如：

U-niŋ　bu　qetimqi　sinaq-tin　öt-mik-i　　asan　ämäs.
他-GEN　这　次的　测试-ABL　过-NOML-POS.3sg　容易　不是
"他很难通过这次的测试。"

Al-maq-niŋ　bär-mik-i　　bar,　čiq-maq-niŋ　čüš-mik-i.
拿-NOML-GEN　给-NOML-POS.3sg　有　上-NOML-GEN　下-NOML-POS.3sg
"有借必有还，有上必有下。"

Uruq-tuqqan-lar-ni　pat-pat　yoqla-p　tur-uš
亲戚好友-PL-ACC　时常　看望-ADVL　ITR-NOML
tuqqandarčiliq　munasiwät-tä　intayin　muhim.
亲属　关系-LOC　非常　重要
"经常去看望亲朋好友在搞好亲戚关系方面极其重要。"

Qaldi-qatti　iš-lar-ni　birtäräp　qil-iš　sin-iŋ　mäs'ulyit-iŋ.
剩下的　事儿-PL-ACC　处理　AUX-NOML　你-GEN　责任-POS.2sg

"处理完剩下的事是你的任务。"

Maŋ-ma-y　　　yat-qum　　　　kel-iwat-idu.

走-NEG-ADVL　躺-NOML.1sg　来-CONT-NPAST

"我不想走，想躺。"

Üžmä　yi-güm　　　　kel-iwat-idu.

桑葚　吃-NOML.1sg　来-CONT-NPAST

"我正想吃桑葚。"

（3）副词化语缀及其语法功能

副词化语缀缀接在一个动词末尾就可使整个动词短语变为副词化短语。一个副词化短语就像一个副词一样在句中充当另一个动词短语的状语。

副词化语缀

序号	副词化语缀名称	语缀
1	-A 未完副词化语缀	-a/-ä/-y
2	-ᵒp 连接副词化语缀	-p/-ip/-up/-üp
3	-Gili 目的副词化语缀	-γili/-qili/-gili/-kili
4	-Gičä/-Gi-čilik 界线副词化语缀	-γičä/-qičä/-gičä/-kičä/-γičilik/-qičilik/-gičilik/-kičilik
5	-Gač 趁机副词化语缀	-γač/-qač/-gäč/-käč
6	-GačKA 原因副词化语缀	-γačqa/-qačqa/-gäčkä/-käčkä
7	-Ganseri 强化副词化语缀	-γanseri/-qanseri/-gänseri/-känseri

① -A 未完副词化语缀

未完副词化语缀-A（-a/-ä/-y）表示动作没有完成或正在延续：

Maŋ-ä　　　maŋ-ä　　　axiri　yet-ip　　　bar-duq.

走-A.ADVL　走-A.ADVL　终于　到达-ADVL　AUX-PAST.1pl

"走啊走啊，终于到了。"

Kül-mä-y　　　　kül-mä-y　　　　kül-gän-dä　　　teliq-ip　　　qa-ptu.

笑-NEG-A.ADVL　笑-NEG-A.ADVL　笑-ADJL-LOC　哽咽-ADVL　FACT-EVID

"一直不笑，一笑就笑个不停。"

② -ᵒp 连接副词化语缀

-ᵒp（-p/-ip/-up/-üp）含有完成意义，连接两个或两个以上的动作。例如：

Naγra　dumbaq　awaz-i　　　yaŋra-p　　　toy　äwj-i-gä　　　čiq-ti.

手鼓　鼓　声音-POS.3sg　响起-ADVL　婚礼　高潮-POS.3sg-DAT　上-PAST

"随着敲锣打鼓之声，婚礼热火朝天。"

Yänä　　saqla　di-siŋiz　　　　　　　　ämdi　saqla-p　　　　bol-al-ma-ymän.
再　　　等待　说-COND.2sgPOL　　　现在　等待-ADVL　　　是-ABIL-NEG-NPAST.1sg
"你要我再等，我就等不了了。"

③ -Gili 目的副词化语缀

副词化语缀-Gili (-ɣili/-qili/-gili/-kili)构成的副词化短语表示目的，某一
动作或状况开始以来延续的时间等。例如：

Biz　　axtoqay-ɣa　　　　köč-üp　　　　　　kä-gili-mu
我们　　阿克托海-DAT　　　搬迁-ADVL　　　　来-Gili.ADVL-也
näččä　žil　bo-p　　　qal-di.
几个　年　是-ADVL　FACT-PAST
"我们搬到阿克托海乡已经好几年了。"

Axya-ɣa　　　tuqqan-li-ni　　　yoxli-ɣili　　　　wa-duq.
阿赫雅-DAT　亲戚-PL-ACC　　看望-Gili.ADVL　去-PAST.1pl
"我们去阿赫雅乡看望亲戚。"

④ -Gičä/-Gičilik 界线副词化语缀

由界线副词化-Gičä-ɣičä/-qičä/-gičä/-kičä//-ɣičilik/-qičilik/-gičilik/-kičilik
表示时间界限，取舍选择等意义。例如：

Silä　　käl-gičä　　　　aš-mu　piš-ip　　　qal-idu.
你们　来-Gičä.ADVL　饭-也　熟-ADVL　FACT-NPAST
"你们到达之前，饭都会煮好的。"

Bika　　tu-ɣïčä　　　　　maŋ-a　　yardämliš-ä.
闲着　站-Gičä.ADVL　我-DAT　帮忙-PART
"与其闲着，还不如来给我帮忙。"

⑤ -Gač 趁机副词化语缀

副词化语缀-Gač（-ɣač/-qač/-gäč/-käč）构成的短语主要表示在做某一件
事的同时趁机顺便做另一件事。例如：

Biz　　ämgäk　qil-ɣäč　　　　　naxša　eyt-tuq.
我们　劳动　做-Gač.ADVL　歌　唱-PAST.1pl
"我们边干活，边唱歌。"

Šä:-gä　　ki:-gäč　　　　taɣa-m-ni　　　　kör-üp　　čiq-tim.
市里-DAT　进-Gač.ADVL　叔叔-POS.1sg-ACC　看望-ADVL　TERM-PAST.1sg
"我去城里，顺便看望叔叔。"

⑥ -GačKA 原因副词化语缀

原因副词化语缀-GačKA（-ɣačqa/-qačqa/-gäčkä/-käčkä）表示某一动作或
状况发生的原因。例如：

Sän　　waxt-i-da　　　　　käm-mi-gäčkä　　　　　čiq-qan　　　čatax　bu.

你　　时间-POS.3sg-LOC　　来-NEG-GačKA.ADVL　　出来-ADJL　麻烦　这个

"就因为你没有按时到，才出了这么个问题。"

Šu　　　xuy-i-ni　　　　　　bil-gäčkä

这个　　脾气-POS.3sg-ACC　　知道-GačKA.ADVL

u-niŋ　　　bilän　　dost bom-mi-ɣan.

他-GEN　　和　　　交友 AUX-NEG-ADJL

"就因为知道他的脾气，我才没有跟他交朋友。"

⑦ -Ganseri 强化副词化语缀

副词化语缀-Ganseri（-ɣanseri/-qanseri/-gänseri/-känseri）表示动作和状态程度的强化，从而对后面的另一个动作的出现起一个推动作用。例如：

Zaman　　täräqqi　qi-ɣanseri　　　　　　kiši-lä-mu

时代　　　发展　　AUX-Ganseri.ADVL　　人们-PL-也

bi qisma　　wo-p　　　kit-iwat-idu.

异常　　　当-ADVL　　INTNS-CONT-NPAST

"时代越进步，人们的性格也变得无法理解。"

Hawa　　issi-ɣansiri　　　　　qurɣaqčiliq-mu　küčiy-ip　　kit-iwat-idu.

天气　　变热-Ganseri.ADVL　　干旱-也　　　　加强-ADVL　INTNS-CONT-NPAST

"天气越热，旱灾也越严重。"

二　句法结构

句法研究各语类相互合并而构成更大的单位，即短语或句子的规则问题。

（一）短语结构的词序

维吾尔语的词序为 SOV，即主—宾—谓语。主语出现在句首，然后是宾语，最后才是作谓语的动词。乌什话的词序比较自由，在实际言语运用过程中我们可以经常听到词序颠倒过来的句子，这可能与主题化有关。

维吾尔语是核心词在后的语言。在这个语言里核心词出现在补足语或附加语之后，或者被修饰语出现在修饰语之后。

（二）名词短语

名词短语指的是以名词为核心词的短语。名词以 N，名词短语以 NP 来表达。

维吾尔语的名词短语分为并列名词短语和偏正名词短语两种。

1. 并列名词短语

并列名词短语是由两个或两个以上的名词按平等的并列关系构成的短语。并列的各成分之间可以出现并列连接词 wä "和"，伴随连接词 bilän "跟、与"，选择连接词 yaki "或，或者" 等。例如：

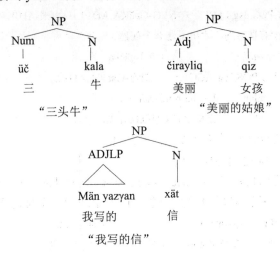

Toxti bilän mämät
"托胡提和买买提"
Ölüm ya körüm
"死亡或者生存"
Anar wä ürük
"石榴和杏"
Qoy, kala, öčkä
"羊、牛和山羊"
并列名词短语用树形图表达如下：

2. 偏正名词短语

偏正名词短语由两个或更多成分合并而成，其中起修饰、限制或说明作用的成分出现在前面，作为核心词的名词出现在后。其构成方式有以下几种：

（1）名词+名词（N+N）：taškörük "石桥"，yaγač qazan "木制锅"，lata γilap "布刀鞘（意为蔫乎乎的人）"，yazγuči qiz "作家女孩" 等。

（2）形容词+名词（Adj+N）：yešil čiraq "绿灯"，žiγlaŋγu bala "爱哭的孩子"，iščan dixan "勤奋的农民" 等。

（3）代词+名词（Adv+N）：härqaysi idarä "每一个单位"，birmunčä mal-bisat "许多财产"，här täräp "各方面"等。

（4）数量词+名词（Num+N）：on näpär iščĭ "十位工人"，üč mo baγ "三亩果园"，yüz tuyaq kala "一百头牛"等。

（5）模拟词+名词（ONO+N）：šildir-šildir su "簌簌的水"，γiž-γiž awaz "呼噜呼噜的声音"，γur-γur šamal "嗖嗖的风"等。

（6）格短语+名词（KP+N）：bešimdiki šäpkä "头上的帽子"，yiraqtiki muhabbät 远方的爱情，tošqandäk omaq "兔子般可爱"，sizdäk qiz "您这般女孩"等。

（7）形容词化短语+名词（ADJLP+N）：axšam kälgän mehman "昨晚来的客人"，biz diyišiwatqan gäp "我们正在说的话"，häl qilmaqči bolγan mäsilä "我们将要解决的问题"等。

（8）后置词短语+名词（POSTP+N）：yättäqiz häqqidä riwayät "关于七名圣女的故事"，sän toγruluq söz-čöčäk "关于你的谣言"，dixanlaryä dair höjjät "关于农民的文件"等。

偏正名词短语用树形图表达如下：

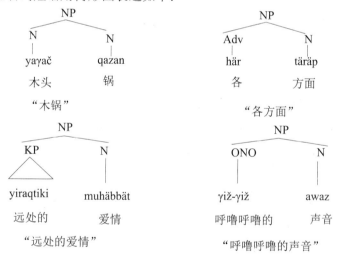

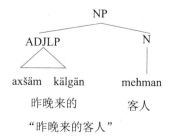

（三）复数短语

复数短语指复数附加成分-lar/-lär 与名词性短语结合后构成的短语结构。该附加成分在乌什话中的表现形式为-la(r)/-lä(r)。复数短语以 PLP（即 plural phrase）来表达。如 dixanla(r)"农民们"，bizlä(r)"我们这些人"，japakäš dehqanla(r) "勤劳的农民们"，harmay-talmay išläšlä(r) "坚持不懈地干活（等 事件）"，tügimäs hašarlar "做不完的劳役"等。

复数短语用树形图表达如下：

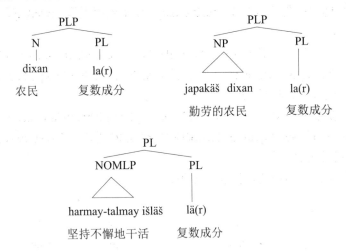

（四）从属短语

从属成分根据领属者人称的不同有下列基本形式：

人称		单数	复数
第一人称		-ºm(-m/-im/-um/-üm)	-ºmiz (-miz/-imiz)
第二人称	一般	-ºŋ(-ŋ/-iŋ/-uŋ/-üŋ)	-ºŋlA(r) (-ŋla(r)/-ŋlä(r)/-iŋla(r)/-iŋlä(r)/-uŋla(r)/-üŋlä(r))
	尊称	-ºŋiz (-ŋiz/-iŋiz)	
第三人称		-i/-si	-i/-si

从属成分与领属者之间有一致关系。领属者一般与领属格-niŋ 合并出现在前，而相应的从属成分与从属者合并构成从属短语，作为核心成分出现。从属成分以 POS，从属短语以 POSP 来表示。如 meniŋ anam "我的妈妈"，silärniŋ öyüŋlar "你们的家庭"，ularniŋ baɣwaranliri "他们的田庄"等。

从属短语用树形图表达如下：

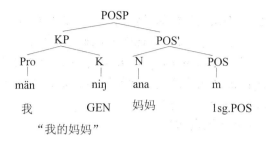

"我的妈妈"

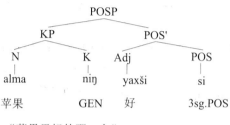

"苹果里好的那一个"

（五）格短语

乌什话中有 10 个格，一般出现在名词或名词性短语之后。格以 K 来表达，由它形成的格短语以 KP 来表达。如：mäktäptä "在学校"，tiriščan oquɣučilarniŋ "勤奋学生的"，japakäš dixanlardäk "就像勤劳的农民"等。

格短语用树形图表达如下：

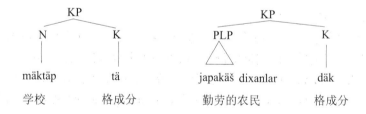

（六）后置词短语

乌什话中有 üčün "为了"、bilän "跟，用"、arqiliq "通过，用"、boyičä "按照，照"、toɣrisida "有关"、toɣruluq "关于，有关"、häqqidä "关于，有关"、täripidin "被，由……的方面"、qatarliq "……等"、bašliq "以……为首的"、ara "之间"、asasän "根据"、binaän "按照"、qarita "对，对于"、nisbätän "相对于"、dair "关于"、ait "有关，关于"、qädär "……为止"、yariša "相应于"、ibarät "……等"、bašqa "除外，以外"、etibarän "以来"、tartip "……开始"、bašlap "……开始"等后置词。其中有的要求与包括复数短语、从属短语在内的一般名词类合并，有的要求与格短语合并。后置

词以 POST 来表示, 而由它形成的后置词短语以 POSTP 来表示。如 käŋ xälq
ammisi üčün "为广大人民群众", mällä boyičä "整个村里", qatnaš qoralliri
bilän "用交通工具", hämmimizniŋ tiriščanliqi arqiliq "通过我们的努力",
axšamqi xäwär toɣrisida "关于昨晚的新闻", yeŋi köčmänlärgä qarita "针对新
的移民", sändin bašqa "除了你" 等。

后置词短语用树形图表达如下:

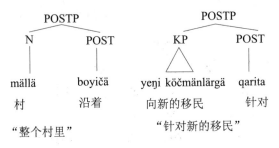

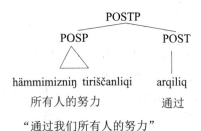

（七）形容词短语

形容词表示人或事物的形状、性质、特征等, 因此主要作修饰语。但
有级形容词可接受程度副词的修饰, 构成偏正形容词短语。如 intayin muhim
"非常重要", nahayiti aldiraš "特别忙" 等。有的形容词还要求一些格短语
的修饰, 从而以形容词短语的形式出现。如 mälligä yeqin "离村里近的" 等。

形容词短语用树形图表达如下:

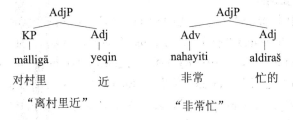

（八）副词短语

副词除了修饰形容词和动词, 有时本身还可以被其他成分修饰, 从而
构成副词短语。如 säl baldur "稍微早一点", toydin burun "结婚以前", ikki

ay kiyin "两个月之后"，tuqqanlar kiliština ilgiri "亲戚们到来之前" 等。

副词短语用树形图表达如下：

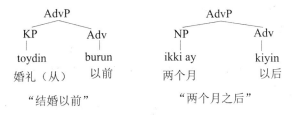

（九）级短语

一个形容词通过级变化可以构成级短语 GP（Grade Phrase）。级短语在形容词短语上缀接级附加成分来构成。如 meniŋkidin yaxširaq "比我的好些"，axyadin čoŋraq "比阿赫雅大些" 等。

级短语用树形图表达如下：

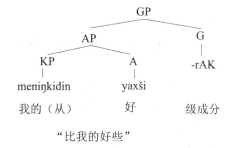

（十）动词短语和时态短语

动词 V 与其他语类组合，形成自己的短语——动词短语 VP。动词短语接着又与时态人称成分合并，形成一个完整的时态短语 TP，即句子。因此，时态短语就是我们平常说的句子。其中，时态是句子的核心。动词短语有如下类型：

1. 不及物性动词短语：即由直接出现在施事者或被叙述者之后的动词构成的短语。例如：

Šamal　čiq-ti.

风　　　出来-PAST.3sg

"刮风了。"

Quš-lar　uč-ti.

鸟-PL　　飞-PAST-3sg

"鸟飞了。"

2. 趋向性动词短语：即由要求向格短语作补足语的动词构成的短语。

例如：

Biz　　ürümči-gä　　　　　bar-duq.
我们　乌鲁木齐-DAT　　　去-PAST.1pl
"我们去了乌鲁木齐。"

U　　ani-si-ɣa　　　　　　därd-i-ni　　　　　　tök-ti.
他　妈妈-POS.3sg-DAT　　痛苦-POS.3sg-ACC　说出-PAST.3sg
"他向他妈妈诉苦。"

3. 发源性动词短语：即由要求从格短语作补足语的动词构成的短语。
例如：

Hämmä　adäm-din　oxšaš　gäp-ni　aŋli-duq.
所有　　人-ABL　　相同　话-ACC　听到-PAST.1pl
"我们从所有的人听到了同样的话。"

Bu　xäwär-din　qattiq　azaplan-dim.
这　消息-ABL　非常　伤心-PAST.1sg
"听到这个消息，我感到非常痛苦。"

4. 处所性动词短语：即由要求地点格短语作补足语的动词构成的短语。
例如：

Toy　iš-i-ni　　　　　biz-niŋ　öy-dä　　mäslihätliš-äyli.
结婚　事-POS.3sg-ACC　我们-GEN　家-LOC　商量-IMP.1pl
"婚礼的事，在我们家商量吧。"

Uka-m　　　　daq　yär-dä　　uxla-p　　　qa-ptu.
弟弟-POS.1sg　硬　地-LOC　睡觉-ADVL　FACT-EVID
"我弟弟睡在空地上。"

5. 从事性动词短语：即由要求 bilän 后置词短语作补足语的动词构成的
短语。例如：

U　yeziqčiliq　bilän　häpiliš-ip　　qoy-idu.
他　写作　　和　　从事-ADVL　ADVN-NPAST
"他偶尔从事写作。"

6. 及物性动词短语：即由要求一个宾格短语或不带宾格的宾语作补足
语的动词构成的短语。例如：

Apa-m　　　　ät-kän　　aš-ni　　pak-pakiz　yä-wät-tim.
妈妈-POS.1sg　做-ADJL　饭-ACC　干干净净　吃-DISP-PAST.1sg
"我把妈妈做的饭吃得干干净净。"

Aka-m　　　　yär-ni　aɣdur-di.
哥哥-POS.1sg　地-ACC　耕耘-PAST.3sg

"我哥哥耕了地。"

7. 趋向性及物动词短语：即由同时要求一个宾格短语和一个向格短语作补足语的动词构成的短语。例如：

U　　　därd-i-ni　　　　　　biz-gä　　　di-di.
他　　　痛苦-POS.3sg-ACC　　我们-DAT　　说-PAST.3sg
"他把自己的痛苦告诉我们。"

Män　　uka-m-ni　　　　　　beyjiŋ-γa　　apar-di-m.
我　　　弟弟-POS.1sg-ACC　　北京-DAT　　带过去-PAST.1sg
"我把弟弟带到北京去了。"

8. 发源性及物动词短语：即由同时要求一个宾格短语和一个从格短语作补足语的动词构成的短语。例如：

Bu　　kitap-ni　　　kütüpxani-din　al-di-m.
这　　书-ACC　　　图书馆-ABL　　买-PAST.1sg
"我的这本书是在图书馆借的。"

Wäqä-niŋ　　täpsilat-i-ni　　　　　gezit-tin　　kör-dü-m.
事故-GEN　　细节-POS.3sg-ACC　　报纸-ABL　　看到-PAST.1sg
"在报纸上看到了此事件的细节。"

9. 供给性动词短语：即由同时要求宾格短语和一个由 bilän 构成的后置词短语作补足语的动词 täminlä- "供应、供给" 构成的短语。例如：

Apa-m　　　　tuxum-ni　　šuxula　　bilän　qoru-di.
妈妈-POS.1sg　鸡蛋-ACC　　西红柿　　用　　炒-PAST.3sg
"我妈妈炒了个西红柿鸡蛋。"

10. 被动动词短语：即由被动态动词构成的短语。这类动词前面的主语位置上出现的主格名词是逻辑宾语，其逻辑主语一般不出现，如果需要出现，它由方位名词 täripidin "被，从……方面" 引进句子。例如：

Turmuš-imiz　　yaxšila-n-di.
生活-POS.1pl　　改善-PASS-PAST.3sg
"我们的生活得到了改善。"

Düšmän-lär　　yoqit-il-di.
敌人-PL　　　　消灭-PASS-PAST.3sg
"敌人被消灭了。"

11. 表语—系动词短语：即由系动词构成的表语—系动词短语。例如：

U　men-iŋ　　dost-um　　　bol-idu.
他　我-GEN　　朋友-POS.1sg　COP-NPAST.3sg
"他是我的朋友。"

U šair i-kän.

他 诗人 COP-EVID

"他原来是个诗人。"

Bir čaräk buɣday 13 kilo kel-idu.

一 角 小麦 13 公斤 COP-NPAST.3sg

"一角小麦合 13 公斤。"

12. 引语＋dä-动词短语：即由动词 dä-"说"构成的引语＋dä-动词短语。例如：

Dada-m almi-ni üz-mä-ŋlar dä-ydu.

爸爸-POS.1sg 苹果-ACC 摘-NEG-IMP.2pl 说-NPAST.3sg

"爸爸要我们别收苹果。"

Män u-ni yänä bir käl-si-kän dä-ymän.

我 他-ACC 又 一 来-COND-EVID 说-NPAST.1sg

"我希望他再来一次。"

动词短语用树形图表达如下：

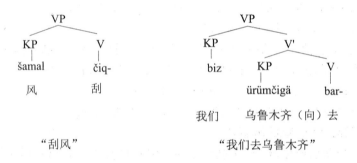

"刮风"　　　　　　　　　"我们去乌鲁木齐"

"刮风了"

（十一）体助动词短语和时态短语

体助动词出现在一个由-ºp 副词化的实义动词（即主动词）后面，描绘该动词所表达的动作的进行过程。体助动词以 ASP，体助动词短语以 ASPP

（即 aspect phrase）来表达。例如：

  Män maqali-ni yez-ip bol-dum.

  我 文章-ACC 写-ADVL PERF-PAST.1sg

  "我写完了论文。"

  Uka-m yiqil-ip kät-ti.

  弟弟-POS.1sg 摔倒-ADVL INTNS-PAST.3sg

  "我弟弟摔了一跤。"

  Mutällip etizliq-ta išlä-wat-idu.

  穆塔里夫 农田-LOC 干活-CONT-NPAST.3sg

  "穆塔里夫在农田干活。"

体助动词短语用树形图表达如下：

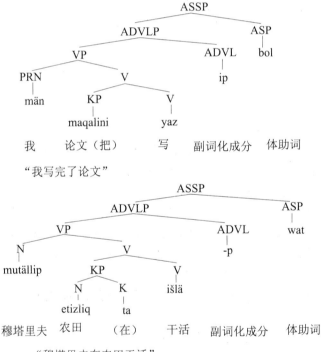

（十二）否定短语和时态短语

否定短语在动词短语或体助动词短语末尾缀接否定语缀-ma/-mä（可弱化成-mi）而形成。否定成分以 NEG，否定短语以 NEGP 来表示。例如：

  Män iš-ni tügi-t-äl-mi-dim.

  我 事-ACC 完成-CAUS-ABIL-NEG-PAST.1sg

  "我没能干完活。"

Män　siz-ni　　yaxši kör-mä-ymän.

我　　您-ACC　　喜欢 AUX-NEG-NPAST.1sg

"我不喜欢您。"

U　ürümči-gä　　　bar-mi-di.

他　乌鲁木齐-DAT　去-NEG-PAST.1sg

"他没去乌鲁木齐。"

否定短语用树形图表达如下：

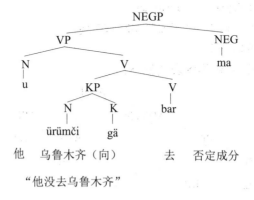

他　乌鲁木齐（向）　　　去　否定成分

"他没去乌鲁木齐"

（十三）静词化短语和时态短语

形动词、动名词和副动词换句话说就是形容词化短语、名词化短语和副词化短语。这三种短语归纳起来被叫做静词化短语。

1. 形容词化短和时态短语

形容词化短语指一个动词短语的形容词化，也就是传统语法所说的形动词。维吾尔语的形容词化短语由-r/Ar (-r/-ar/-är) 和-GAn (-γan/-qan/-gän/-kän) 两套语缀构成。如 ötär yol "人过的马路"，čapar at "快跑的马"，män yigän alma "我吃过的苹果"，u čägkän yaγliq "她戴的头巾" 等。这两套形容词化成分缀加在动词短语后，形成形容词化短语。形容词化成分以 ADJL，形容词化短语以 ADJLP 来表达。

形容词化短语用树形图表达如下：

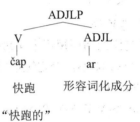

快跑　　形容词化成分

"快跑的"

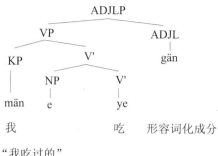

"我吃过的"

2. 名词化短语和时态短语

名词化短语指一个动词短语的名词化，也就是传统语法所说的动名词。名词化短语有-ºš（-š/-iš/-uš/-üš）名词化语缀，-mAK（-maq/-mäk）名词化语缀，-GU（-γu/-qu/-gü/-kü）名词化语缀，-Gan 名词化语缀（-γan/-qan/-gän/-kän），-Gan+-lºG（-γanliq/-qanliq/-gänlik/-känlik）的名词化语缀。名词化短语在动词短语上缀加相应的名词化成分来形成。名词化成分以 NOML，名词化短语以 NOMLP 来表达。例如：

Män   kitap   oqu-š-ni   yaxši kör-imän.
我   书   读-NOML-ACC   喜欢 AUX-NPAST.1sg
"我喜欢看书。"

U   min-iŋ   kompyuter al-γan-liq-im-ni   bil-mä-ydu.
他   我-GEN   电脑   买-ADJL-NOML-POS.1sg-ACC   知道-NEG-NPAST.3sg
"他不知道我买了一台电脑。"

Sähär   tur-uš   yaxši adät.
早晨   起来-NOML   好   习惯
"早起是个好习惯。"

名词化短语用树形图表达如下：

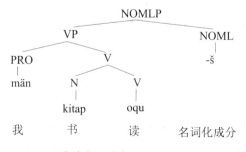

"我读书（动名词）"

名词化短语进一步与动词和时态成分合并，形成时态短语。在此过程中，名词化短语内部的主语通过两次移位，最后移到 TP 底下。TP 短语用树形图表达如下：

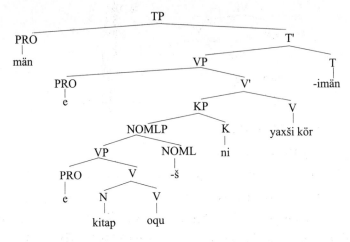

3. 副词化短语和时态短语

　　副词化短语指一个动词短语的副词化，也就是传统语法所说的副动词。维吾尔语的副词化语缀有-A 未完副词化语缀（-a/-ä/-y），-ᵒp 连接副词化语缀（-p/-ip/-up/-üp），-Gili 目的副词化语缀（-γili/-qili/-gili/-kili），-Gičä//-Gičilik 界线副词化语缀（-γičä/-qičä/-gičä/-kičä//-ičilik/-qičilik/-gičilik/-kičilik），-Gač 趁机副词化语缀（-γač/-qač/-gäč/-käč），-GačKA 原因副词化语缀（-γačqa/-qačqa/-gäčkä/-käčkä），-Ganseri 强化副词化语缀（-γanseri/-qanseri/-gänseri/-känseri）等 7 种。这些副词化成分缀加在动词短语上，形成与之相应的副词化短语。副词化成分以 ADVL，副词化短语以 ADVLP 来表示。例如：

Män　ürümči-gä　　käl-gili　　bäš yil bol-di.
我　　乌鲁木齐-DAT　来-gili.ADVL　五　年　是-PAST.3sg
"我来乌鲁木齐已经五年了。"

Šamal　čiq-ip　　γazaŋ-lar　uč-ti.
风　　刮-ADVL　叶子-PL　飞-PAST.3sg
"风刮，树叶飞。"

Sän　käl-gičä　　　män　uxla-p　　tur-ay.
你　　来-gičä.ADVL　我　　睡-ADVL　ITR-IMP.1sg
"你到之前我睡个觉吧。"

U　dora ič-känseri　　　　ähwal-i　　　teximu yamanliš-ip kät-ti.
他　药　喝-gänseri.ADVL　情况-POS.3sg　更加　恶化-ADVL INTNS-PAST.3sg
"他越吃药，病情越恶化。"

副词化短语用树形图表达如下：

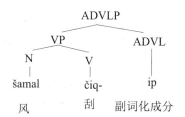

副词化短语一般形成不完整的从属短语。而它进一步与其后的完整成分合并，形成时态短语。句子主语一般会在完整成分里。

副词化短语形成的 TP 短语用树形图表达如下：

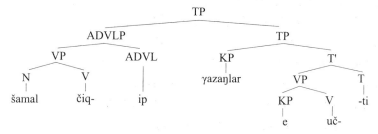

（十四）时态短语（即句子）

时态短语也就是我们平常说的句子。因为时态是句子的核心，一个动词短语一旦与时态成分合并，由此构成的时态短语本身就体现为句子。维吾尔语句子按语气的不同大体上可分为陈述句、疑问句、条件—假设句、祈使句、愿望句；按结构可分为单句和复句等。而每一个句子内部还可以分出好几个小类。

1. 陈述句

由于陈述句是用来给对方传达信息的基本句型，它的使用率很高。陈述句一般用降调。陈述句根据说话者在叙述某一事件时附带的伴随信息的不同，内部还可分为直接陈述句（简称直陈句）、间接陈述句（简称间陈句）、转述句、猜测句、目的陈述句、顾虑陈述句、无定陈述句等。

（1）直陈句

乌什话的直陈句（即直接陈述句）表示说话人对所叙述的事件或状况有直接的了解。直陈句在谓语动词末尾缀接直陈语气成分来构成。例如：

Bu　iš-ni　　män　qil-dim.
这　事-ACC　我　　做-PAST.3sg
"这件事是我做的。"

Apa-m-ɣa　　　　　här　häpti-dä　bir qetim　tilpon　qil-imän.
妈妈-POS.1sg-DAT　每　周-LOC　一次　　电话　做-NPAST.1sg
"我给妈妈每周打一次电话。"

Dada-m 2013-yili 4-ayniŋ 27-küni tügäp kät-ti.
爸爸 2013年 4月 27日 去世 AUX-PAST.3sg
"我爸爸是2013年4月27日去世的。"

Azraq iš bilän yeŋiwat-qa bar-imän.
少点 事 为了 英阿瓦提-DAT 去-NPAST.1sg
"我去英阿瓦提办一些琐事。"

（2）间陈句

间陈句（即间接陈述句）表示说话人对所叙述的事件或状况的了解不是直接的，而是通过某种渠道或凭某种事实而有了间接了解。间陈句在谓语动词末尾缀接间陈语气成分来构成。例如：

Apa-m dada-ŋ-niŋ žil näzir-si-ni
妈妈-POS.1sg 爸爸-POS.2sg-GEN 年葬礼-POS.3sg-ACC

bir-imiz dä-p tilpun qi-ptu.
给-NPAST.1pl 说-ADVL 打电话 AUX-EVID
"我妈妈打电话，告诉我要举办爸爸去世一周年乃孜儿。"

Ätä öy-gä otweši-diki tuqqan-lar kil-idi-kän
明天 家-DAT 奥特贝希-LQ 亲戚-PL 来-NPAST-EVID
"明天奥特贝希乡的客人来家里。"

（3）转述句

转述句表示说话人强调自己所叙述的事件或状况是从别人那里听来的。转述句在谓语动词末尾缀接转述语气成分来构成。例如：

Axšamliq-qa qattiq tola yaγ-ar-miš.
晚上-DAT 特别 冰雹 下-AOR-HEAR
"据说今晚下大冰雹。"

Ätä hašar-γa bar-γudäk-miz.
明天 劳役-DAT 去-EVID.1pl
"听说明天去做劳役。"

（4）猜测句

猜测句可分为主观猜测句和客观猜测句两种，都由特定的猜测语气成分来构成。主观猜测句表示说话者主要根据自己的记忆或所掌握的情况猜测性地陈述某一件事；客观猜测句则表示说话者根据某些迹象猜测性地判断某一件事。例如：

Käč-tä yänä nopus täkšürüš bar oxšaydu.
晚上-LOC 又 户口 检查 有 GUESS
"看来晚上还要挨家查户口。"

Biz-niŋ　　　mälli-dä　bir　iš　bol-ɣan　　　oxšaydu.

我们-GEN　　　村-LOC　一　事　成为-ADJL　GUESS

"我们村里好像发生了什么事。"

Yakörük　　bilän　axya-niŋ　　　ariliɣ-i　　　20 kilomitir-čä　käl-sä　　kiräk.

雅科瑞克　　和　　阿赫雅-GEN　距离-POS.3sg　20公里-EQUI　来-COND　应该

"雅科瑞克乡和阿赫雅乡的距离可能有20公里左右。"

（5）目的陈述句

目的陈述句在谓语动词末尾缀接由名词化语缀-maq/-mäk 与施事名词构成成分-či 合并而成的复合语缀-maqči/-mäkči 和相应的时和人称语缀而构成。目的陈述句表示按计划或者打算要进行的某一件事。例如：

Sän　zadi　nimä　di-mäkči?

你　到底　什么　说-INT

"你到底想说什么？"

Bu-lar　hä:disä　biz-ni　　　čaqir-ip　　nimä　　qim-maqči-kin-a?

这-PL　动不动　我们-ACC　叫-ADVL　什么　做-INT-EVID-PART

"他们动不动就叫我们过去想干什么？"

Män　aldi-miz-diki　　　ay-da　　qäšqär-gä　bar-maqči.

我　前面-POS.1pl-LQ　月-LOC　喀什-DAT　去-INT

"下个月我打算去喀什。"

（6）持续状态陈述句

持续状态陈述句在谓语动词末尾缀接由名词化语缀-maq/-mäk 和时位格成分-ta/-tä(-da/-dä)合并而成的复合语缀-maqta/-mäktä 而构成。例如：

Xošni-miz-niŋ　　　hal-kün-i　　baɣanseri　bättärläš-mäk-tä.

邻居-POS.1pl-GEN　日子-POS.3sg　越来越　　恶化-NOML-LOC

"我们邻居的日子正在日益恶化。"

Yezi-miz-niŋ　　　ähwal-i　　　yaxšilan-maq-ta.

乡-POS.1pl-GEN　情况-POS.3sg　改善-NOML-LOC

"我们乡的情况正在好转。"

（7）必然状态陈述句

必然状态陈述句在谓语动词末尾缀接由名词化语缀-ɣu/-qu/-gü/-kü 和第三人称从属成分-si 合并而成的复合语缀-ɣusi/-qusi/-güsi/-küsi 而构成。例如：

Turmuš-imiz　　teximu　yaxšilan-ɣu-si.

生活-POS.1pl　更加　　改善-NOML-POS.3sg

"我们的生活将会变得更好。"

Nahiyi-miz　　teximu　　güllä-p　　　　yašni-ɣu-si.

县-POS.1pl　　更加　　繁荣-ADVL　　发展-NOML-POS.3sg

"我们县将更加繁荣发展。"

（8）顾虑陈述句

顾虑陈述句通过在动词否定式词干末尾缀接愿望式语缀-Gay (-ɣay/-qay/-gäy/-käy)再加过去时系词 idi (-di, -ti)和相应的人称语缀而形成。顾虑语气中虽然有否定成分-ma-/-mä-(-mi-)的参与，但它表示说话人对动词所表达事件的发生的忧虑。有时在句末可能会出现表示强化的词 yänä "再，又"。例如：

Mihman-lar　　bäk　　saqla-p　　　kät-migidi.

客人-PL　　　非常　等-ADVL　　INTNS-WORRY

"客人们不会等得太久吧。"

Bügün　　axšam　　yänä　　yamɣur　　yaɣ-miɣidi.

今天　　晚上　　又　　　雨　　　下-WORRY

"今晚不会又下雨吧。"

（9）无定陈述句

维吾尔语的无定陈述句（也被称为或然句）由语缀-mikin 缀接在其他陈述句的末尾而形成。无定陈述句表示说话者对所陈述的事件或状况发生的可能性缺乏把握。例如：

Bu　　köktat-lar-ni　　tuniyaz　　aka-m　　　　teri-di-mikin.

这　　蔬菜-PL-ACC　吐尼牙孜　哥哥-POS.1sg　种-PAST-PROB

"这些蔬菜可能是吐尼牙孜哥哥种的。"

Ätä　　milli　　šipaxani-ɣa　ber-ip　　　kör-ün-üp　　　　baq-ay-mikin.

明天　民族　医院-DAT　去-ADVL　看-PASS-ADVL　TENT-IMP-PROB

"明天打算去民族医院看看病。"

2. 疑问句

疑问句由特定的语气成分构成。常见的疑问句有是非疑问句、特殊疑问句、选择疑问句、附加疑问句、追问句、惊异疑问句等。

（1）是非疑问句

是非疑问句是要求对方用 "是" 或 "不是" 等做出肯定或否定回答的问句。维吾尔语的是非疑问句一般在其他语气基础上形成，即在一个句末谓词的末尾缀接疑问语气助词-mu（即-mu[1]）而形成。例如：

Iš-lir-iŋiz-ni　　　　　　tügit-ip　　　bol-di-ŋiz-mu?

事-PL-POS.2sgPOL-ACC　完成-ADVL　PERF-PAST-2sgPOL-Q

"您干完您的事了吗？"

Dada-m	di-gän	gäp-lär-niŋ	hämmi-si-ni
爸爸-POS.1sg	说-ADJL	话-PL-GEN	所有-POS.3sg-ACC

yad-iŋiz-da	tut-ti-ŋiz-mu?
记忆-POS.2sgPOL-LOC	抓-PAST.2sgPOL-Q

"我爸爸说的话都记住了吗？"

（2）特殊疑问句

特殊疑问句就是由疑问代词 kim "谁"、nemä "什么"、qaysi "哪一个"、qandaq "怎样"、qačan "什么时候，何时"、qančä 或 näččä "多少"、qeni "在哪里，哪儿呢"、qayär "哪里"、nä "哪儿"、nemišqa/nemiškä "为什么"等构成的疑问句。维吾尔语的特殊疑问句用降调。例如：

Awu	kel-iwat-qan-lar	kim?
那个	来-CONT-ADJL-PL	谁

"正在来的那些人是谁？"

Qol-iŋiz-diki	nimä?
手-POS.2sgPOL-LQ	什么

"您手里的是什么？"

Bu	iš	bol-ɣan	yär	qäyär?
这	是	成为-ADJL	地点	哪里

"这事发生的地点是哪儿？"

（3）选择疑问句

从理论上讲，维吾尔语的选择疑问句就是两个是非疑问句的结合体，有……-mu yaki ……mu？"是……还是……？"的结构。例如：

Bügün	bar-a-m-siz	yaki	äti-mu?
今天	去-AOR-Q-2sg.POL	还是	明天-Q

"您今天去还是明天去？"

Kil-älä-m-sän	kil-äl-mä-msän?
来-ABIL-AOR-Q-2sg.POL	来-ABIL-AOR-NEG-Q-2sg.POL

"你能不能来？"

（4）附加疑问句

维吾尔语的附加疑问句在一个肯定句或否定句末尾再加一个 šundaqmu "不是吗" 或 šundaqqu "是这样的吧" 等带疑问助词成分的指示代词而构成。附加疑问句一般用于对方进一步确认说话者在肯定句或否定句中已经提出的某一判断。例如：

O:mi-ni	ikki	kün	iči-dä	oru-p	bol-isilär,	šundaq-qu?
麦收-ACC	两	天	内-LOC	收割-ADVL	PERF-NPAST.2pl	不是-Q

"你们将在两天之内割完小麦，是不是？"

Xošni-ŋiz	ölü-p	kät-kän,	šundaq-mu?
邻居-POS.2sgPOL	死去-ADVL	INTNS-ADJL	不是-Q

"您邻居是早就去世的，是不是？"

（5）追问句

维吾尔语的追问句在一定的上下文中出现的静词类末尾缀接追问语气助词-ču 而构成。追问句表示说话者对于跟-ču 合并的静词类所表达的人或事物在上下文相关的问题上的状况或处境的关注。例如：

Qorsiq-im	toy-di,	ämdi	yi-mä-ymän,	siz-ču?
肚子-POS.1sg	饱-PAST.3sg	现在	吃-NEG-NPAST.1sg	您-INQ

"我肚子吃饱了，再不吃了，您呢？"

Män	birdäm	tur-up	munči-ɣa	čüš-imän,	siz-ču?
我	一会	ITR-ADVL	澡堂-DAT	下-NPAST.1sg	您-INQ

"我过一会去澡堂洗澡，您呢？"

（6）惊异疑问句

维吾尔语的惊异疑问句在某些句子末尾或在一定的上下文中再加某些词的末尾缀接语气助词-ɣu/-qu 而构成。惊异疑问句表示说话者对所叙述的事件或者人或事物感到惊讶或意外并试图进一步地证实这一状况。例如：

Män	bundaq	gäp-ni	häjäp	aŋla-p	baq-ma-ptimän-ɣu?
我	这样	话-ACC	难道	听到-ADVL	TENT-NEG-EVID.1sg-SURP

"这样的话我怎么没有听到啊？"

Resim-diki	žigit	sän	šu-ɣu?
照片-LQ	小伙子	你	就是-SURP

"照片里的小伙子是你吧？"

3. 条件—假设句

维吾尔语的条件—假设句在谓语动词末尾缀接语缀-sa/-sä(-si)和相应的人称语缀而构成。语缀-sa/-sä(-si)除了条件—假设语气外，还表示衬托—凸显、让步、恳求、遗憾、劝说等多种语气。下面让我们讨论一下由语缀-sa/-sä(-si)的参与而构成的各语气句。

（1）条件—假设句

表示条件—假设语气的附加成分是-sa/-sä，构成表示某种虚拟心理空间的从句，在此基础上说话者又在主句里提出与事实不相符的一些判断。例如：

Män	bol-mi-sa-m	bu	iš-lar	tügi-mä-ydu.
我	有-NEG-COND-1sg	这	是-PL	完成-NEG-NPAST.3sg

"我不在，这些事做不完。"

Baldur-raq	xäwär	qil-ɣan	bol-si-ŋiz
早点-GR	消息	做-ADJL	是 COND-2sgPOL
täyyarliq	qi-p	qoy-at-tuq	ämäs-mu?
准备	做-ADVL	ADVN-AOR-1pl	不是-Q

"您早点打了个招呼的话，我们会准备好的呀？"

（2）衬托—凸显句

如果主句的谓语动词为过去时，或者主句中提到的事件不是将要发生的事，而是需要仔细考虑的问题的话，它就与以-sa/-sä 结尾的从句形成明显的对比，表示一种衬托—凸显语气，突出强调一种事实的存在。例如：

U	käl-gän	tur-sa	män	ber-ip	nimä	qil-imän?
他	来-ADJL	ITR-COND	我	去-ADVL	什么	做-NPAST.1sg

"他来了，我去干什么？"

（3）让步句

让步句也就是让步从句。维吾尔语的让步从句在条件—假设语缀-sa/-sä 末尾再缀接语气助词-mu 而构成。-sa/-sä 和-mu 的合并表现为-simu。例如：

Aɣriq	bol-sa-m-mu		čoqum	kel-imän.
病	成为-COND-1sg-也	一定		来-NPAST.1sg

"即便是病了，我一定会来的。"

Yamɣur	yeɣ-iwat-si-mu		mäktäp-kä	ber-iwär-duq.
雨	下-CONT-COND-PART		学校-DAT	去-UNINT-1pl

"即便在下大雨，我还是去上学了。"

4. 恳求句

恳求句一般在条件—假设语缀-sa/-sä 末尾缀接相应人称语缀后再加系词 ikän 就可以。从语义上讲，它就是表示说话者恳求对方做出某件事的恳求句结构。例如：

Her-ip	qal-di-m,		bu	iš-lar-ni
累-p.ADVL	FAC-PAST.1sg		这	事-PL-ACC
qil-iš-ip		bär-si-ŋiz		boptikän.
做-RECIP-p.ADVL		ALTR-COND.2sPL		ENT

"累坏了，您能给我帮个忙就好了。"

Bu	gäp-ni	dada-m-ɣa		dä-p	qoy-mi-ɣan	bolsaŋ.
这	话-ACC	爸爸-POS.1sg-DAT		说-ADVL	ADVN-NEG-ADJL	ENT.2sg

"求你别把这句话告诉我爸爸。"

5. 祈愿句

祈愿句一般在条件—假设语缀-sa/-sä 末尾缀接相应人称语缀后再加过

去时系词 idi (-di/-ti)就可以构成。从语义上讲，它是表示说话者强烈心愿的完整句。例如：

Men-iŋ-mu　　mašina-m　　　bol-ɣan　　　　　bol-si-di,
我-GEN-也　　汽车-POST.1sg　有-ADJL　　　　是-DES

xali-ɣan　　　yär-gä　　　　bar-ala-y-ttim.
愿意-ADJL　　地方-DAT　　去-ABIL-AOR-NPAST.1sg

"要是我也有这样的车，我也能想去哪儿就去哪儿。"

Čätäl-lär-ni　　bir　　kör-sä-m　　däymän.
外国-PL-ACC　一　　看-DES.1sg　WISH.1sg

"真想看看国外。"

6. 遗憾句

遗憾句在句末的条件—假设语缀-sa/-sä 末尾加人称语缀后再加语气助词-ču 就可构成。遗憾句表示说话者对已经失去的某种机会或不可能发生的某件事情的遗憾。例如：

Xäp,　bu　gäp-ni　　u-niŋ-ɣä　　　di-mi-sämču.
遗憾　这　话-ACC　他-GEN-DAT　说-NEG-REG.1sg

"很遗憾，这句话没跟他说就好了。"

7. 劝说句

劝说句在条件—假设语缀-sa/-sä-的末尾加相应的人称语缀，然后再加判断系词 bolidu "可以"来构成。劝说句表示说话者给对方以意见建议的形式提出一种义务或必须做的事。例如：

Ämdi　maŋ-sa-ŋ　　mäyli.
现在　走-CON.2sg　可以

"你现在可以走。"

8. 祈使句

祈使句一般都用于第二人称，表示命令、请求、敦促、许可等意义。维吾尔语里也有对第三人称表达的祈使语气，我们称其为间接祈使句。第一人称是说话者本人，因此说话者不可能对自己发出命令，但可以表示强烈的愿望。我们称类似结构为祈愿句。

（1）一般祈使句

维吾尔语里用于第二人称的一般祈使句可以有单、复数两种形式。而用于单数的一般祈使形式也有两种：第一种是用动词原形（即零形式）表达；另一种是在动词末尾缀接祈使语缀-ɣin/-qin/-gin/-kin 来表达。由于祈使句是当着第二人称的面说的，因此，代词 sän "你"往往被省略。例如：

Hoy,　　buyaq-qa　　käl!

嗨　　　　这边-DAT　　来

"嗨，来这边！"

Undaq　　käpsiz　　bali-lar　　bilän　　oyni-ma.

那样　　　淘气　　　孩子-PL　　POST　　玩-NEG

"别跟那些淘气的孩子一起玩。"

（2）委婉祈使句

维吾尔语的委婉祈使句一般用于第二人称。其单数形式在动词末尾缀接相应尊称人称成分-ŋ/-iŋ/-uŋ/-üŋ 构成；其复数形式在动词末尾缀接相应尊称人称成分-ŋizlar/-ŋizlär /-iŋizlar/-iŋizlär 等构成。例如：

Bala-m,　　　　mäktäp-tä　　yaxši　　oqu-ŋ.

孩子-POS.1sg　学校-DAT　　好　　　学习-IMP.2sg

"孩子，好好上学吧。"

Yaxši　　nätiji-lär-gä　　eriš-käysiz.

好　　　成绩-PL-DAT　　获得-IMP.2sg

"祝你取得好成绩。"

（3）间接祈使句

间接祈使句在谓语动词末尾缀接祈使语缀-sun 而构成。间接祈使句一般用于第三人称，单复数用同一种形式。例如：

Toxta-p　　　　tur-uŋ,　　　　iš-im-ni　　　　qil-iwal-ay.

停止-ADVL　　AUX-DES.2sg　事-POS.1sg-ACC　做-ALTR-IMP.1sg

"等一等，我先把活儿干完吧。"

Heyt-iŋiz-ɣa　　　　mubaräk　　bol-sun!

节日-POS.2sg-DAT　　祝贺　　　是-IMP.3sg

"祝您节日快乐！"

9. 祈愿句

祈愿句表示说话者的一种希望或愿望，可分为主观祈愿句和客观祈愿句两种。

（1）主观祈愿句

主观祈愿句用于第一人称，其单数形式在谓语动词末尾缀接祈愿语缀-y/-ay/-äy 构成；其复数形式在谓语动词末尾缀接祈愿语缀-yli/-ayli/-äyli 构成。例如：

Ürümči-gä　　　　billä　　bar-ayli.

乌鲁木齐-DAT　　一起　　去-IMP.1pl

"我们一起去乌鲁木齐吧。"

Män　　siz-gä　　　yardäm qil-ay.

我　　　您-DAT　　帮忙 AUX-IMP.1sg

"我帮帮你吧。"

（2）客观祈愿句

客观祈愿句成分是-ɣay/-qay/-gäy/-käy，缀接在谓语动词末尾，可用于任何人称。第三人称用零形式，其他人称用相应的非过去时人称成分即可。客观祈愿句表示说话者的强烈愿望或希望，多用于祈祷、发誓、许愿等场合中。例如：

Patraq　　saqiy-ip　　　　qal-ɣaysiz!

快点　　　痊愈-ADVL　　FACT-DES.2sgPOL

"望您早日康复！"

Allah　　salamätlik　　ata qil-ɣay!

真主　　健康　　　　赋予 AUX-DES

"愿真主赐您平安健康！"

长篇语料

Učturpandin toplanɣan hikayilär

(1) Aygulniŋ hikayisi

Bizniŋ ušturpan diɣän žutta yättä qizlirim toqquzbulaq yänä soyutqa bulaq däp nurɣun sayahät orunliri va. Buniŋ ičidä yättä qizlirim xeli közɣä körüngän härqaysi yurtladin kilip sayahät qilidiɣan bir sayathät orni. U yättä qizlirim diɣänniŋki därwaziniŋ ičigä kirsä šundaq čirayliq, üzüm baraŋliri diɣänniŋ bük-baraqsan, üzümliri diɣänniŋ sangil sunggul hazirqi mušundaq waqitta, bulupmu yaz waxtida bäk čirayliq. Ašu taɣniŋ tüpisiɣä, qäwrä taɣniŋ tupisige jaylašqan yättä qizlirimniŋ qäwrisi. Šunda sürlük. Yättä qizlirimniŋki qäwrisiniŋ üstigä yaɣaš pänjirä vilän mandaq hiliqi lapas qiɣan yamɣurdin mudapiɣä qilidiɣan, ašinda čirayliq išqilip. Šunda väk häwäslirim kilidu u yättä qizwaliɣa, yättä qizwaliniŋki isimliridin tatip bilimän män. Däp bä:säm čoŋ ačimizniŋ ismi maysixan, iškinjisiniŋ dilbär, üčinjisiniŋ ɣunčäm, tötinjisiniŋ qämbärnisa, bäšinjisiniŋ zöhrä, altinjisiniŋ gulayim, yättinjisiniŋ äxtärnisakän. Bu maysixanɣa täripligän söz šunčilik jixkän, kišilä maysixanni täripläp mušunda däydikän, qiz särdari maysixan tolun aydur, bästi činar šoxluɣi tolun taydur. Lalä kirpik közliri qariqattur, bu makanda teŋi yoq pärizattur däp. Yänä šu maysixanni šunčä körkäm yazar u hösnixätni, xättatliqqa baɣliɣač muhäbbätni, körüp qalsa wäslini šahzadilär, taam yimäy urɣusi päryadilär, däp täripläydikän. Iškinji qiz dilbärni vo:sa undin qalsa dilbärniŋ dili yumšaq, xuddi bulbul šairä tili yumšaq, güldin güzäl hösnidä dilbär atliq, ɣämkin bulbul bir körsä tapar šatliq däp täripläydikän. Učinji qiz voɣan ɣunčämni vo:sa qizlar ičidä ɣunčä qiz bir janandur, kürüp qalsa ašiqlar baɣri qandur, naxša eytsa ziminni zilzil qilur, tümänligän bulbulni xijil qilur däp täripläydikän. Töntinji qizwala tötinji ačimizni vo:sa baɣda bulbul sayrimas gül vommisa, güldin üzlük gül yüzlük qämbärnisa, däp. Buyi zilwa qašliri bärgi qiyaq, usul üčün baɣliɣan u ištiyaq däp. Bäšinjisi yättä qizniŋ ičidä zöhräsi var, janni alur qašiniŋ oqyasi var, mäŋzi qizil qäšqärniŋ ana(r)sidäk, jismu güldur bäškiräm baharidäk däp. Čalsa tämbur qašiɣa buḷbul kilur, sänäm tartip qašiɣa miŋ gül kilur däp täripläydikän. Šunnnndaq išqilip bäk mahariti uluɣkän ulaniŋki. Qandaq täswir itäyki gulayimni, üzi xušxuy qoy közlük mulayimni, šunčä näpis gül čikär käštilärgä, čiqsa güldäk körünär rästilärgä däp awu gulayimni šundaq täripläydikän. Quyašmikin aymikin äxtärnisa, tün qaraŋyu boḷɣusi u bommisa, zäp yarašqan mäŋzigä zinaxliri, šamaldinmu ištik ayaxliri, at üstidä körsitip maharätni, här yüräktä urɣutar jasarätni däp. Oqya qiliš šämšärdä mäšq qilur, burun boḷɣan jäŋlärni tätqiq qilur, däp ašundaq beyt oqup, yättä qizlirimni šunčilik uḷuɣlap kimla bolsa bäk täripläp qošaq oquydikän bu yättä qizɣa. Mahariti bäk uluɣkän, u qäwrigä tiziḷɣan qošaqliniŋ jiqliɣi u yättä qizwalini mädhiyläp, u beɣišliwetkän šiir beytliri šunčilik jiq ädämniŋ täsirlinip hayajinini basammay žiɣliɣisi kilidu. Mänmu šundaq bäk zoqum kilidu yättä qizwaliɣa. Išqilip bir bu žuːtqa käːɣän bu ušturpan žutuɣa kälgän adämläniŋ zadi bir kilip köːmäy kätkisi kämmäydu u yättä qizlirimɣa. Yättä qizlirim bäk čirayliq. Išqilip äŋ axirida šu yättäqizlirimniŋki batur, yättä qizwaliniŋ batur qäysärlikigä apirin eytip xäxliniŋ hämmisi mädhiyläp mušundaq qošaqlini toqup beytni tašlaːɣa oyuwätkänkän. Yättä qizlirimniŋ mušundaq nimisi va. Išqip bäk uzaq tarixi va. Bäzibir tarixlirini män sözlimisämmu bilidiɣansilän. Miniŋ bilginim mušunčilik. Yättäqizlirim bäk čirayliq yä. Šunnnnnda išqilip. Yättäqizlirimniŋ qäwrisi ätrapi bäk sürlük, u yägä kirgän ädäm hayajinini basammay žiɣlap tašlaydu. Sürlüklikidin išqilip. Yättäqizlirim pütün šinjaŋɣa daŋliq bir sayahät orni.

（1）阿依古丽讲的故事

乌什县有很多旅游景区，包括耶特克孜里木（yättä qizlirim，即七位圣女烈士）陵园、九眼泉（toqquzbulaq）和苏伟泉（soyutqa bulaq）。其中耶特克孜里木（yättä qizlirim）尤为突出，各地的人们都前来参观。从耶特克孜里木（yättä qizlirim）的大门进去，你会发现其景色如此美丽，现在这个时候里面的葡萄藤极其茂盛，葡萄如此浓密。此地夏天格外美丽。耶特克孜里木的陵园坐落在山顶上，格外威严。耶特克孜里木陵园中用木板盖了个棚子，以防雨水冲洗，因此它如此美妙。我非常羡慕那七位圣女，连她们的名字都知道。大姐叫 maysixan，老二叫 dilbär，老三叫 ɣunčäm，老四叫 qämbärnisa，老五叫 zöhrä，老六叫 gulayim，最小的叫 äxtärnisa。人们都富有激情地赞美她们（在此省略诗词译文）。针对 maysixan 的赞美词很多，人们这样赞扬她：

qiz särdari maysixan tolun aydur
bästi činar šoxluɣi tolun taydur.

lalä kirpik közliri qariqattur

bu makanda teŋi yoq pärizattur

又赞美她说：

šunčä körkäm yazar u hösnixätni,

xättatliqqa baɣliɣač muhäbbätni,

körüp qalsa wäslini šahzadilär,

taam yimäy urɣusi päryadilär,

如此赞扬 dilbär：

undin qalsa dilbärniŋ dili yumšaq,

xuddi bulbul šairä tili yumšaq,

güldin güzäl hösnidä dilbär atliq,

ɣämkin bulbul bir körsä tapar šatliq

如此赞扬 ɣunčäm：

qizlar ičidä ɣunčä qiz bir janandur,

kürüp qalsa ašiqlar baɣri qandur,

naxša eytsa ziminni zilzil qilur,

tümänligän bulbulni xijil qilur

如此赞扬 qämbärnisa：

baɣda bulbul sayrimas gül vommisa,

güldin üzlük gül yüzlük qämbärnisa,

buyi zilwa qašliri bärgi qiyaq,

usul üčün baɣliɣan uištiyaq däp.

如此赞扬 zöhrä：

yättä qizniŋ ičidä zöhräsi var,

janni alur qašiniŋ oqyasi var,

mäŋzi qizil qäšqärniŋ ana(r)sidäk,

jismu güldur bäškiräm baharidäk

又赞扬说：

čalsa tämbur qašiɣa bulbul kilur,

sänäm tartip qašiɣa miŋ gül kilur

她们的美德，她们的人品无话可说。

如此赞扬 gulayim：

Qandaq täswir itäyki gulayimni,

üzi xušxuy qoy közlük mulayimni,

šunčä näpis gül čikär käštilärgä,

čiqsa güldäk körünär rästilärgä däp awu gulayimni

如此赞扬 äxtärnisa：

quyašmikin aymikin äxtärnisa,

tün qaraŋγu bolγusi u bommisa,

zäp yarašqan mäŋzigä zinaxliri,

šamaldinmu ištik ayaxliri,

at üstidä körsitip maharätni,

här yüräktä urγutar jasarätni

又说：

oqya qiliš šämšärdä mäšq qilur,

burun bolγan jäŋlärni tätqiq qilur

无论是谁，没有一个不写诗赞扬这七位圣女的。夸奖这七位圣女刻在陵园上的赞美诗如此之多，看到的人会激动地痛哭一场。我也非常羡慕她们。来乌什县旅游的人不看耶特克孜里木（yättä qizlirim）陵园就等于没来乌什县。这七位姑娘非常漂亮，非常勇敢，非常聪明。来过陵园的人都会赞扬她们，把赞美诗刻在陵园中。

这里的历史很长。有些历史我不说，大家也知道。我知道的就这么多。耶特克孜里木（yättä qizlirim）陵园非常美丽，非常威严，看到的人会感动地哭起来。这是新疆有名的旅游景地。

(2) Aygulniŋ hikayisi

Buruuun xäxlä mušu qäqär jadiniŋ teγini manda däp hikayä qilidikäntuq. Bir taγ va:kän, u taγniŋ öŋküridä bi jadigär yašaydikän, u jadigärniŋki qirix müšügi va:kän, u müšüginiŋki boynida qirix ašquš esiγlixkän, u qirix ašquš qiriq öyniŋ ašquči bulup, u qiriq öydä qiriq mälikä yašaydikän-dä. Šuniŋ vilän u mälikini qutquzuš üčün bir šahzädä bir yä:din bir dixanniŋki qiziγa ašiq vulup, u dixanniŋ üyigä ba:sa u dixan žiγlap hali xarap oltuγan. Šuniŋ vilä äy dixan taγa nimä boldiŋiz, män sizniŋ qiziŋizγa ašiq däp mäxsitini eytqandin kiyin, u dixan mušundaq bi momay kä:γänliγini, u momayniŋki män sizniŋ čoŋ aniŋiz bulimän däp aldap ep kätkänligini, žiγlap turup hikayä qip sözläp biriptu. Šuniŋ vilän u šahzade därγäzäp bulup, qutquzmaq vulup yolγa čiqiptu, meŋiptu meŋiptu meŋiptu meŋiptu, maŋyandimu mol meŋiptu, qara tärgä čümüptu.biiiiiir yä:γä kä:γändä bir taγniŋ aldiγa kep qaptu, u taγ sehirlängän, hiliqi qäqär jadiniŋ teγi vulup, qäqär jadiniŋ teγi vo:γan bo:γačqa, u qäqär jadi žiraxtinla šahzadiniŋ kä:γänligini kürüp, bu adimizat bu yä:γä nimigä kä:γändu däp šundala xiyaliγa kälturup bo:γičä, uniŋki qara häriliri va:kän, učup digänniŋki u taqqa yeqin kältümäydikän, qandala adäm bo:sa taqqa yeqin kältümäydikän. U šahzadä bir amallani qilip u taɣniŋ aldiɣa käptu. Taɣniŋ aldiɣa kilip šunda qariɣidäk vo:sa qirix müšük hänniwasi yupurulup kiliwatqan. U šahzade baturliq vilän qilišni ɣilaptin čiqirip šundaq čepišqa bašlaptukin hiliqi müšükni, hämmisini tinidin juda qiptu. Tinidin juda qilip qiriq ašqušni , hoy yaq ottus toqquz müšükni öltürüp ottus toqqus ašqušni eptu. Šuniŋ vilän qiriɣinji müšükkä kä:ɣändä u müšük šippaŋšitip quyruxlurini suwap äkiläp hilä qi:ɣili turuptu. U šahzadä müšükniŋ quyruɣi tägsilaŋkim uyqusi kip kitidiɣan uxlap qalidiɣan manda hilini išlitiptu u müšük šahzadigä, šuniŋ vilän u quyruɣu täkkän zamatla mügdäk besip uxlašqa bašlaptu. U šahzadä taɣ öŋküriniŋ aɣzida uxlaptu. Qäqär jadi öŋkürniŋ ičidin bir momay siyaqiɣa kirip uniŋ aldiɣa käptu. Šu äsnada u šahzade čaqmaq tezlikidä oyɣiniptu-dä, közini šunda ašqudäk vo:sa aldida bätbäširä bir momay köz aldida tu:ɣan. Šuniŋ vilän o:nidin čačrap qoplaŋkim u momayniŋki kallisini tinidin juda qiptikän, hiliqi müšükniŋmu sehri yuquluptu.

（2）阿依古丽讲的故事

关于吸血鬼凯凯扎帝的山有这样的传说：有一座山，山洞里有一个吸血鬼。吸血鬼有 40 只猫，每一只毛的脖子上挂着一把钥匙，总共有 40 间房子的钥匙。那 40 间房子住着 40 个公主。有一位王子，爱上了一个农民的女儿。他去农民家里去找她，看到农民哭着悲切。于是他问："农民叔叔啊，您怎么了？我爱上了您的女儿。"他说了自己的目的以后那农民哭着告诉他有个老女人过来，把她的女儿骗走了。于是王子勃然大怒，想把那个女孩救出来。他走啊走啊，终于走到一座山前。那座山就是吸血鬼凯凯扎帝的山，吸血鬼从远处就看到王子，刚想着这位人类之子来干什么，他养的马蜂立即飞出来，不让那王子靠近山。无论如何，它们不会让他靠近。那王子想尽办法，靠近了那座山。过来一看，那 40 只猫都向他冲过来。王子勇敢地挥舞大刀，开始大开杀戒，杀死了 39 只猫。王子把 39 把钥匙收了起来。轮到第 40 只猫的时候那只猫摇尾乞怜，开始撒娇。那是猫的诡计。猫的尾巴只要碰上王子，王子就睡起觉来。所以那只猫的尾巴一碰到，王子就开始在洞口睡觉。吸血鬼凯凯扎帝变成一个老太太，来到他前面，要杀他。这时王子突然醒来，一看前面站着一个相貌丑陋的老太太。于是他立刻拔刀砍了她的脑袋，那只猫的魔力也消失了。

(3) Aygulniŋ hikayisi

Män bi künisi bir dostumniŋ üyigä kitiwatitim čiɣir yol bilän, kitiwatsam, bir tiräkkä bir išäk baɣlaɣliqkän. U išäktin üzämmu qo:qup, qulamda šu dostumɣa ep maŋyan bir jawur tawiɣim ba:ti. U tawaqni yaman tästä kütiräp kitiwatsam u tiräkkä baɣlaqliq tu:ɣan išäk yolniŋ otturisiɣa čiqiwaptu. Mini kürüpla sät haŋrap, qulaq miŋämni yäpla kätti. Šuniŋ vilän bi qulamda quliɣimni itiiiip kitiwatsam, čiččaŋšipla üzičila udulumɣa kä:yän čaɣda, šuniŋ vilän qo:qutiwätti, quqitiwätkändikin qulamdiki tawaq jawurisi čüšüp kätti yä:gä. U jawurniŋ ičidiki binässilä digän yä:gä čečilip nimigä oxšaš vop kätti. Män digän nimä qilašimni bilmäy turup qaldim. Neriraq turutum, bi: kämdikin qa:lisam yänä bir išäk haŋrap žüɣü:yän peti käldi, kiplaŋkim hiliqi išäk vilän　talašti talašti talašti　šuniŋ vilän hiliqi išäk qanda voldi, hiliqi baɣlaqliq išäkniŋki teqimidinla čišlidi. Čišläpti, šuniŋ vilän u išäk haŋraštin toxtap asta, bi-bi:sigä qaylišip häywä qilišip turupti, aŋyičä män-zä hiliqi tiräkniŋ, däräxniŋ käynigä ütüp marap tu:dum. Tursam,　aŋyičä šu išäkniŋ igisimikin išqilip bir ädäm käldi. Kilip šunda täläti digän sät hiliqi ädämniŋ. Wayyäy, u ädämniŋ išigini bi ädäm bi čišliwammisa-yä, šuniŋ vilän maŋimu manda homiyip qa:lidi, mänmu čirayimda qan yoq tatirip digän turimän išäkkä qa:lap, išäk bi-bisigä qališip turidu xiris qilišip, šuniŋ vilän u išäkniŋ igisi oxšaydu, aldinqi išäkniŋ igisi oxšaydu hiliqi kägän adäm. Šuniŋ vilän qulida pičaq va:kän, žüyüräp kä:yän išäkniŋ pačiɣini šart qipla kästi peyini qižiwätti. Šuniŋ vilän u išäk mokla qip žiqildi yä:gä. Eqiwatidu qan. Šuniŋ vilän män žügüräp čiqip däräxniŋ a:qisidin,way aka nimiš qiliwatila hoy disäm, hiliqi ädäm way ukam, miniŋ išigimniŋ pačiɣini čišläptu, išäkniŋ pačiɣini čišläp yeɣir qi:sa qanda vulidikin, män bi kö:sitip quyay däwatimän manda vi naähligä, däydu. Wayyäy, häy bu bi haywan tu:sa, ma adämni kö:mämdiɣan, nimišqa unda qildila disäm, hiliqi adäm digänniŋ čirayiniŋ öŋ-seli yoq, maŋa digänniŋ tigiš qilip tas qaldi minimu tillap wätwärikimni učutiwätkili,wayjan, šuniŋ vilän qanda vuliti, axiri da:wališip, tam xošnisiniŋ išigikän u, šuniŋ vilän u išigimniŋ peyini qižiptu　däp digänniŋ saqčiɣa mälum qilip, u saxči digänniŋki sän adämmu nimu, sän haywan vilän täŋ volduŋmu däp, texi qarimkän hiliqi išäkniŋ peyini qižiwätkän adäm. wayäy, ašinda qiziq iš voldi qa:ŋla. Hiliqi saxčila žügüräp kep išäkniŋ majrasini ayrip bulammay, biz ämdi išäk saxčisi vop qalduqmu däp bi-bisigä qa:lišip, ya u adämgä järimänä quyušni bilmäy, ya äkirip solašni bilmäy, ašunda kallisi qetip turup qaldi.

（3）阿依古丽讲的故事

　　有一天我打算去朋友家里，正在路上走着，走在一条小道上，看到有一头毛驴拴在一棵树上。我就害怕毛驴。手上拿着给朋友家带的一盘礼物。我好不容易提着盘子走着，看到毛驴跑到路中间。它看到我就用难听的声音乱叫，使人听了就头疼。于是我就用一只手捂着耳朵走着，那毛驴乱蹦乱跳，跑到我前面吓我一跳。我吓得手里的盘子都掉了下来，盘里的东西撒在地上，乱得不可开交。我不知所措地惊呆了。过一会又一头毛驴跑过来，它一跑来就跟前面的那头毛驴打起来。打啊打啊，不知怎么了，后来的那头毛驴咬住了第一个毛驴的大腿。咬住后那头毛驴不再乱叫，它们俩互相发威。期间我躲在树后偷看。过一会来了一个人，可能是那头拴住的毛驴的主人。那人一来就绷着脸，面无人色，好像我咬伤了他的毛驴似的。他对我瞪着眼怒视。我也面无人色的看着毛驴，而那毛驴彼此发威，气势汹汹。刚来的人好像是第一个毛驴的主人，手里拿着刀子，用刀子砍断了第二个毛驴的筋。于是那毛驴倒在地上，血在留着。我从树后跑出来大吼："大哥，您在干什么？"那人说："哦小妹呀，它咬伤了我家毛驴的大腿，我想让这个牲口看看咬伤别人家毛驴的后果。""唯！它是动物啊，你这个人，干嘛要那样做？"那个人气急败坏，开始动口，快骂死我了。那毛驴原来是他们邻居家的。于是他报警说有人把他们家毛驴的筋砍断了。警察训斥说："你是人还是什么东西？你跟动物比吗？"那个人还算是虔诚老实的人呢。我就遇到了这样有趣的事。那些警察跑过来处理不了毛驴的纠纷，最后彼此讽刺说："难道我们变成了毛驴警察？"他们也不知道该罚款还是把他关起来。

Aygulniŋ hikayisi (4)

Bizniŋ bu ušturpan diyän žurtta yana dulduruqqu diyän bi yä: va:, taγ. Bu dulduruqqu digän burun päyγämbirimizniŋ zamanida päyγämbirimiz jäŋ qilip atliri herip kätkän vaqtida etini čöktü:gän yä:kän. Bunda digänlik hiliqi etiγa yäm bä:gän yä:ni uqur däydikän, šuŋa atqa yäm bä:gän dulduruqqa (duldul oqur) däydikän, šu dulduruqqa taγniŋ čoqqisiγa jaylašqankän, taγniŋ äŋ čoqqisiγa. Xuddi bir uqurγa oxšaš yä: va:kän, šu yä:ni dulduruqqa däydikän.

（4）阿依古丽讲的故事

我们乌什县有个地方叫 dulduruqqu，听说以前穆圣和他的弟子在 dulduruqqu 这个地方与敌人作战，他们的战马疲劳时在这儿休息。给马吃草的东西叫 uqur（即槽），因此给这些战马（duldul）吃草的地方叫 dulduruqqa（duldul oqur）。这个 dulduruqqa 坐落在山顶上。那儿有个地方很像槽，因此这里得名为 dulduruqqa。

(5) Aygulniŋ qošnisiniŋ hikayisi

Burun bir patiša varikän, bir künisi owγa čiqiptu. Owγa čiqip äskär läškärliri owγa čikätkändin kiyin ow owlap žürüp käš vo:γanda anda bir nässä tapammay bula owdin quruq qol qaytip kilidikän. Quruq qol qaytip kiliwetiiiipp yolda bu qattiq ussap kitip, yolda kitiwetip yolniŋ četidä bir yezida bir tam körünüptu. Šu tamniŋ aldiɣa kiptu-dä, käːɣändikin on üš on töt yašla ätrapida bir qiz öydin čiqiptu, šuniŋ vilän bu qizɣa häy qizim bizgä vir ussuluq väːgän bolsiŋiz däptikän, bu qiz öygä bašlap äkirip bulaɣa vir ussuluq viriptu. muniŋ qosiqiɣa nan, čay veriptu. ašuniŋ vilän bu qaytip ketiwetip, bu patiša bu qizɣa közi čüp qaptu. közi čüp qelip buni aːsam bolamu digändikin, wäzirliri hä aːsiŋiz bolidu, aːsila taza volidu, nimišqa vommiɣudäk däydikän. Šuniŋ vilän bu ordiɣa verip iški üš kün ötkändä üyigä älči äwätidikän. Älči äwätkändikin bu qizniŋ dadisi bu qizni biriškä qušulmaydikän. Män yalɣuz, bu qizim miniŋki hal-äːwalimdin, kirimni žuyup ešimni itip miniŋki turmušimdin xäwär ammisa bommaydu. Uniŋ üstigä män namrat ädäm. Patisahniŋ layiɣida toy qippirämmäymän däydikä. Šuniŋ vilän bu käːgän älčilä qaytip kitip patišaɣa berip däydikän: u qizniŋ dadisi buniŋɣa qošalmaydikän. Män yalɣuz, män turmušumda qiynilip qalimän. Miniŋ ešimni itip, kirimni žuyup turmušimdin xäwär alidiɣan yalɣuz qizim, bu qizimni aːrisam bommaydu däp däwatidu digändikin,bu wäzirlä bu patišani biz älči äwätili xudaniŋ künisi, čirayliqčä bäːsä bäːgänni kürili, bäːmisä qizni yandurup äkilli, dadisini ašu zindanɣa tašlisaq andin mäjburila biridiɣan bulidu, däydikän. Buni birsi aŋlap turup buni bu ädämgä bu qizniŋ dadisiɣa xäwär qilidikän. Mušu palani küni kilidiɣan boldi. Qizni čirayliq bäːsilä bäːgänlirini küridiɣan bäːmisilä silini apirip zindanɣa tašlaydiɣan boldi. Qizlirini äkitidiɣan boldi digändinkin, bu ädäm šu künisidin bašlap tamaqmu yimäy, ašmu išmäy, nanmu yimäy-zä ah däp, šu xudaɣa naːlä qilip žiɣlap yatidikän. Buni qiz küräp, gäpni sän sorima däydikän. Män sorimisam qayda volidu, siz gipiŋizni maŋa dimisiŋiz män gipimni sizgä dimisäm birbirimizgä dimisäk qayda voldi, biz bir bala bir dada tursaq digändinkin, anda voːsa saŋa disäm patiša sini maŋa bäːgän boːsa däp mušunda älči äwätiptikän män buniŋɣa qušulmay qayturiwätkäntim, qayturiwätsäm bula qaytidin kilidikän, kilip sini mäjburi äkitidikän, mini apirip zindanɣa tašlaydikän, mušunda däp xäwär käldi digändinkin anda voːsa u gäpni maŋa aːtiwitiŋ, uniŋdin ɣämmu qimmaŋ, uniŋdin ɣäm yimäŋ, maŋa aːtip quyuŋ, kälsä uni qizimdinla soraŋla däp quyuŋ, män u juwabini özäm birimän däydikän. Šu digän mölčärligän künisi patišaniŋki wäzir-wuzuraliri kilidikän. Käːgändikin bula buniŋɣa čay quyup aš itip binimä qiɣandikin andin kiyin bula bu sizgä bir gipimiz vaːti digändikin gipiŋlini däŋla digändikin, sizni ordiɣa bir bala qiliwalili däp käːgäntux digändikin, unda voːsa miniŋ silägä quyidiɣan iški tal sualim baːti,

sualimɣa jawap bä:säŋla män siligä däydiɣan gipimni ändin däp biräy däydikän.
Anda boːsa sualiŋizni däŋ däydikän. Šuniŋ　vilän anda voːsa disäk, siz patiša
hazir näččä yašqa kiriptu däydikän. Patiša hazir säksän yašqa kiriptu däydikän.
näččä qetim öyliniptu disä digändinkin, patišaniŋ näččä qetim öylängänliki　ašu
asmandiki žultuzni sanisaq šuniŋ vilän barawär buliši mümkin qalɣinini
bilmäymiz däydikän, digändinkin anda voːsa män toyluqni　anda vosa män
patišaɣa tigäy däydikän. Tigäy digändikiyin, anda voːsa toyluq sep biriŋ
digändikiyin, siz quliŋizɣa däptä: qäläm elip män sep bä:gän toyluqni čüšürüp
qoymay birdin yeziŋ däydikän. Maqul däydikän. Šuniŋ vilän däptä: qälämni
täyyar qilɣandin kiyin, unda voːsa miniŋ toyluɣum žigirmä bürä, ottus qaplan,
qiriq arslan, atmiš axta, yätmiš jiŋ paxta säksän jiŋ taxta voːsun däydikän. Šuniŋ
vilän bu gäpni aŋlap birsi bäkla xoš bulidikän birnäččisi xapa vop kitidikän.
Bu qiz saraŋ qizwalikän ašunda niminimu toyluq salamdu däp. Šuniŋ bilän bula
asan toyluq saldi bu patišaɣa tigidiɣan boldi, patišaniŋ üyini bir tutay didi bu qiz
däw-zä xoš vulišap tamaqni čala-bula yäp qaytip kitip ätisi bu toyluqniŋki
nimisini qiɣili turidikän. Toyluxni qayda qilimiz, bu patišaɣa tigäy didi, toylux
sep bädi, toyluqqa žigirmä bürä, ottus qaplan, qiriq arslan, atmiš axta, yätmiš jiŋ
paxta säksän jiŋ taxta däydu, buni qayda qilimiz digändinkiyin patiša turup ketip
bu saraŋ qizwalikän bu, ašunda niminimu toyluqqa salamdu, toyluq digängä
altun zirä, altun halqa, altun zänjir, manda bižnimilini sammamdu, qoy-kala
toyɣudäk, yaɣ-gürüš manda nimilini sammay ašunda nimini salamdu, saraŋ
qizwalikän däydikän. Bula u saraŋ　qizwala ämäskän, häxli-huši jayida
qizwalikän, siligä patišaniŋ üyini bir tutay däp šu asan toyluq sep bädi, däydikän.
Anda voːsa toyluqni qayda qilimiz digändikiyin, bu toyluqni mašu žigirmä
bürini malčiɣa wäzipä qilili, malči tutup bäsun, malɣa kä:gän bürini tutsun, šuni
sözlep bädi digändinkiyin, patiša olturupkitip šu gäpni aŋlap ušidin kitip
ülidikän šu yä:dä, šuniŋ vilän bu hikayä tügäydikän.

（5）阿依古丽邻居的故事

　　从前有一位国王，有一天出去打猎。他带兵打猎，一直到傍晚也没有任何收获，不得不空手回去。回去的路上看到路边有一个房子，他们到那个房屋前面，屋里出来一个十三四岁的女孩。于是他们对她说："能不能给点喝的饮料？"她把他们带进屋里，给了吃的、喝的。这个国王看上这个小姑娘。于是他问周围的人他可不可以娶她，他们都说可以，为什么不可以。他们回到宫廷，过几天后往小姑娘家派人说媒。但小姑娘的父亲不同意，说自己是个孤零零的人，女儿照顾她，给他做饭、洗衣服，照料他的生活，没有她不行。而且他们很穷，不适合跟皇家做亲家。于是那些媒人回去跟国王说："那女孩的爸爸不同意。他说自己是孤零零的人，生活有困难，只有这么一个独生女儿，女儿照顾她，给他做饭、洗衣服，照料他的生活，不能离开她。"大臣们说："我们再请人说媒，在一个吉祥的日子举办婚礼。要是他心平气和地把女儿嫁给您，那就好办。要是不答应，我们把他的女儿抢过来，把他投入监狱，这样他就不得不把女儿嫁给您。"有人听到后把这个话传给了女孩的爸爸，并告诉他国王的人什么时候来，要是不把女儿心平气和地嫁给国王，国王会把他投入监狱，把女儿抢走。从此日起那个人不吃不喝，整天悲叹向真主求助。女儿问怎么了，他要她别问。她说："我不问怎么行，您把您的心事不告诉我，我的心事我也不告诉您，我们彼此不说话怎么行？我们岂不是父女？"于是他告诉说："国王请人说媒，要我把你嫁给他，我不同意，让他们回去。他们要再来，把你抢走，把我投入监狱，有人如此告诉我的。"她说："那您就把责任推到我身上，您别发愁，要是他们来，您就让他们找我，我自己回答他们。"过几天朝廷要员们又来。他们吃完饭后，他们说有话要说，并说国王想娶您。女孩说："那我有两个问题，你们回答完了，我再讲讲我的意思。首先，这位国王多大岁数了？"他们回答说国王到了80岁。女孩又问他结过几次婚。他们说："要知道国王结了几次婚，你就数数天上的星星，他结婚的次数可能相当于星星的数字。"女孩说那可以嫁给国王。他们要她说彩礼。她说："那你们手里拿笔和本子，把彩礼一个都不漏的记下来。"他们准备好笔和本子后，她说："我的彩礼是20只狼，30只豹子，40只狮子，60匹骟马，70斤棉花，80斤木板"。听到这些话，要员中的一位非常高兴，其他人不高兴。他们说："这姑娘是个傻子，哪儿有这样要彩礼的？"有些人认为这彩礼太简单了，她愿意嫁给国王，想操持国王的家务。于是他们高高兴兴地回去，去准备婚礼的事。他们跟国王说："她愿意嫁给您，她要的彩礼是20只狼，30只豹子，40只狮子，60匹骟马，70斤棉花，80斤木板。要怎么办？"国王愣了一会儿说："这姑娘是个傻子，哪里有要这种彩礼的？要的彩礼应该是金耳坠、金耳环、金项链这样的东西，应该是羊、牛、油、面、米之类的东西，她真是个傻子"。其他人说："她不傻，头脑清醒，她想跟您结婚。所以她要了那么简单的彩礼。"国王问这彩礼怎么解决，他们说把这些任务交给牧羊人。国王听了以后愣了一阵子就晕过去，气得当场死亡。

(6) Aygulniŋ dostiniŋ hikayisi

Dadüyniŋ beɣi däp bi baɣ vaːti, u baɣni miniŋki ämdi hammamniŋ iri ašäde azraq yeri vaːti, bir žilnisi tawuz terip qiːsa xäq bäk oɣrilap kitiptu tawuzni, bu tawuzni oɣri äkätti, baqay däp manda bäš tüp täräk vaː däydu, manda žumilaxla čiqip qa:ɣan. Šu täräkniŋ tüwidä yetiptu. Yetip yerim kičä vo:ɣanda "daduy daduy" däymiš, küzini läppidä ašsa balisi köz aldidin mušundala žiraxlap kitiptu, biraqla, xuddi bi ušqandäkla, wiyäy mandivi qačan käldiŋ häy disä, hiliqi adäm insan körünmigidäk, šuniŋ vilä turup wayäy däp üzämčä tä: vasti, tä: vesip wiyäy nimä boldum män, čüšäkäp qa:ɣan oxšaymän däp yatsa, bi:dämdä bizniŋ hiliqi hammimizniŋ süritidä "hey, qupaŋla hey," däp mandala qi:ɣidäkmiš, manda qupap qa:lisa yana mušundala küziniŋ aldidin učup kätkändäkla žiraxlap, towa bu nimä iš vulawatidu däp bidäm yatsa, näɣmä-nawa čikitiptu. Mušu bir-biridin čirayliq qizwalla ašu mušunda kilip yänä kitip mušunda kilip küzigä šunda kürünüp qupiŋä, usul oynayli, qupiŋä digüdäkmiš. Bu taɣam ašu mušu tä:läwatimän däydu, a:yätni uqiwatimän däydu bilginimni, towa towa däp mušu yaqamni tutup kitip barimän däydu. Maŋay disä mušu žiqilip čüšüp maŋammaptu, yatay disä haŋɣa čüp kitip ba:ɣandäk vop yatammaptu. Turupla ašwu uššaq mušu kičik čimčilaq qoldäk balla däydu, turupla här yoɣan täräktäk yoɣinamiš hiliqi balla, turup kičigläymiš, bir täräptin dap dügiläŋšip čiqamiš, turupla yoqap kitämiš. Wiyäy däp ašu üzičä kämmigän xiyalni qip, mušu towa däp, aytalkursni oquwatimän däydu. Oquwatimän, mušu suɣa čiliwätkändäk voldum, way xuda, qačan taŋ ata: däp, ašu äzan čiqiši vilän yuqidi däydu hiliqi nässilä, mušu qanda kä:ginimni bilmäymän, öygä yenip käldim, ašu säkkis kün yotqandin qopmay yattim, däp bizniŋ öygä čiqip hiliqi gäpni ašinda däp. Mušu dadammu towa däp, uyä:din buyä:din bizniŋ öydä ašunda paraŋla bäk qilištuq qulum-qošnila žiɣilip, hiliqi taɣamniŋ gipini aŋlap dadamniŋ gäp qip bägisi käldi. Akam ormanɣa qa:liɣili, su qoyɣili meŋip, maŋsam yoɣan bi täräk va:, täräkniŋ tüwigä kä:gände bi išäk yenimɣa kilipla yuqap kätkändäk boldi, bi kämdä qa:lisam enda yädä turidu, bu kimniŋ išigidu däp, yä:gä bi taš etip häydiwitäy däp, yä:gä eŋišip bešimni kütäsäm yoq däydu. Dadam hoy saraŋ guy, tas qepsän ba:lani tapqili, ašu išäkkä tašnila atqan vo:saŋ sän yoqtuŋ, buniŋdin kiyin härgiz undaq qimma, däp dadam hiliqi gäpni qildi.   Uniŋdin kiyin bi… män etizliqta uxlawätiplam, dadam qopä häy tu:sungul digändäk qildi bešimni kütäsäm hiškim yoq, enda yädä qunax taxlawatiti. Bidäm yatsam mušu yenimdila bi buwaq bala žiɣlidi (hikayä aŋlawatqanlar: wiyyäy!) qa:laŋ, ašu dadamniŋ čapinini bešimɣa yögiwetiptikänmän, čep qupup qalisam hišnime yoq, mušu tä:läptimän, qattiq čiŋ tä:läptimän, dadam vilän anamniŋ yeniɣa kip daduy miyädin bala kütä:gän bi:kim öttimu disäm yax däydu. Nimä boldi däp. Hä uxlima uxlima disä unimay ašu yä:gä verip uxluduŋ, män näččä kün digän put-qulamda jan yoq, mušu žürigim selip, üzämčä biaram bop, dadam uqutup quyili däp, way uqutmisaqmu bulawiridu, buniŋya bi nimä čepilip qammiyandu didi. Likin išqip uzunɣičä ašu etizliqqa va:sam put-qulam ɣaldilap titräydiɣan bop qa:ɣan. Ot äkilli däp ba:simu ašu dadamniŋ qoltuqiɣa mušunda esilip aldi-käynimgä mušunda qa:lap maŋimän, anda yä:lä: hiliqi kona manda äxlät žunda tökkän yä:dä bulidu däydikän ämdi. Unda išla jixkän bizniŋ čoŋlirimizɣa učriɣan. Miniŋ bi sawaɣdišim ašinda gäp qip biriti, qariwaɣlixti. Miniŋ čoŋdadam at minip ya:daŋlixta kitip ba:sa bi äškä učraptu, šuniŋ vilä u äškini wayäy bu kimniŋ äškisidu däp, kimniŋ vo:sa a:ɣač kitäy däp atniŋ aldiɣa a:sa ämčigi šunda yoɣonkän, šuniŋ vilä häjäpmu bi yoɣon bi yelini va guykina disä, dadaŋniŋ kallisidäk va:mu däpla hiliqi äškä yuqap kitip, u čoŋdadam ašu näččä kün boɣanda üläp kätkän däp ašinda vi gäp qip biriti hiliqi sawaɣdišim, tula külüp biz, külüp kitituq, gahi turup adämniŋ qo:qqisimu kilidikän unda gäpläni aŋlisa.

（6）阿依古丽朋友的故事

以前有个果园，叫大队的果园。那边我大姑家有一块地。有一年她们在那儿种西瓜，但老被别人偷。姑夫打算住在瓜田看守。那儿有自己长出来的五棵树。他就睡在树底下。半夜他忽然听到"爸爸，爸爸"的声音。他睁开眼睛一看，好像是自己的孩子，一下子从他眼前远去，他好像在飞。姑夫对他喊道："喂，你这个家伙，什么时候来的？"但是人不见了。他忽然全身出冷汗，于是想："哎呀，怎么回事？我是在做梦吧？"继续睡。过一会有人以我大姑的模样出现，对他说："起来吧"她好像用手推他一下，他跳起来一看，她又远去，好像在飞。他又想："天呢，这是怎么回事？"他躺了一会，突然响起了敲锣打鼓的声音。好像一个比一个漂亮的女孩们在他周围转来转去，要他起来一起跳舞。我姑夫全身出汗，把自己知道的经文念起来，如此惊讶，想走也走不动，老跌下来，想躺也躺不下，好像在掉进无底洞。手指头那么大的孩子忽然间像大树一样变大，过一会又变小，从路边滚出来手鼓，忽然间又消失。他吓得不知所措，念 aytalkurs（古兰经经文）。他说："念经时全身出汗，好像淋了水似的。我就希望快点天亮。当传来了叫拜声，那些东西才消失。我也不知道怎么回了家。回来后在家里躺了八天。"他来我们家时说了这些话。我爸听了以后也很惊讶。街坊邻居在我们家里谈了这方面的很多话。听了姑夫的故事，我爸爸也想说点话。据他说，有一次我哥哥想看看树林，想灌溉一下，到了一颗大树底下，突然跑出了一头毛驴，又消失。过一会看到它在离他几米处。他也不知道是谁家的毛驴，想扔一块石头赶走，抬头一看它又不见了。我爸爸说：

"傻家伙，你差点引起灾难，要是你扔了个石头，你就完蛋了。以后别再那样做。"

有一次我在田地睡觉，突然听到爸爸叫："吐尔逊古丽，起来。"抬头一看，附近没人。爸爸在玉米地间苗。我又躺了一会，听到了就在我旁边有婴儿的哭声（这时周围听到故事的人都吓得叫了一声"哎呀!"）。我睡时把我爸的衣服裹在头上睡的，跳起来一看没人。我全身出汗，出了非常多的汗。我到父母那儿，问他们是不是有人带着婴儿路过这儿。他们说没有，说："怎么了？要你别睡，你偏要到那儿睡"。我好几天手脚没劲儿，心脏剧烈跳动，非常难受。我爸要叫人跳神，妈妈说："应该没事吧，没有鬼附体吧。"以后一到那处田地我就手脚颤动。去割草时我就把脑袋藏在爸爸的胳膊下，走路注意前后。据说那种东西藏在旧的，倒垃圾、脏水的地方。以前大人们经常遇到这种事。我有个同学经常讲那样的故事。他家在喀拉巴格村。他说："我爷爷骑着马在路上走的时候遇到了一头山羊。于是他就想这是谁家的山羊呢？无论是谁家的，都给他带上吧。把山羊搭在马背时发现它的乳房很大。他自言自语说这家伙的乳房怎么那么大。这时山羊突然说话，说：'有你爸爸的头那么大吗？'，说完就消失了。我爷爷过了几天以后也病死了。"我同学就讲那样的故事。我们听完后笑啊笑啊，但有时听完后害怕。

(7) tajigulniŋ hikayisi

bir künisi osman daŋgal šundooooo kitip ba:sa... hä ...uniŋ aɣinisi ušqap qaptu-dä, ušqap qep näyä maŋdiŋ disä u baza:ya maŋdim däptu, baza:da nimiš qilsän disä baza:ya berip säy köçtat setiwammamdim däp meŋiptu. baza:ya beriptu, säy köktatlani eptu..hä.. öyyä käyändä .. šuniŋ vilä beliq qeni däptu-dä xotuni, beliqlani äkämmäpsizɣu, beliq qoruw yäytuq däptikä bazaɣa šu haman berip yänä beliq äkäptu. boldimu mana belixni äkäldim disä xotuni däptu-dä belixni äkäyängila bommaydu belixni čuqum öltürüp birišiŋiz kiräk disä tamɣa urup beqiptu čadoda čanap beqiptu beliq hiš ölmäptu šuniŋ vilä hoy xutun ma beliqni öltürämmidim qanda öltürimän däptikä xotuni bešini suɣa tixsingiz tunjuqup ölmämdu bu beliq däptu.

（7）塔吉古丽讲的故事

有一天欧斯曼•当噶尔在路上行走时，碰到了他的朋友。朋友问他去哪儿，他答道上街去。朋友又问他上街上干什么，他说去买蔬菜，说完就走。他到了市场，买了蔬菜。当他回家，他老婆问他鱼在哪儿，说要是买了鱼，我们就可以做鱼吃。他听完就去市场，买鱼回来。说现在可以了吧？把鱼也买了回来。他老婆说买回来就不算完事，你该给我宰啊。他就试试，用大刀劈，怎么弄都杀不死。于是他就问他老婆："我杀不死这条鱼，怎么杀？"
他老婆说："把鱼头放在水里它就窒息死亡啊"

(8) tajigulniŋ hikayisi

äpändimniŋ bir közi aɣrip qelip säl qiysiq bulap qaːɣan künläːniŋ biridä
patiša uniŋdin soraptu äpändim siniŋ alɣay küzüŋ häqiqätän bolidikän bir närsä
küzüŋgä iški kürünidikän däptikä äpändim däptu toɣra toɣra eyttila aliyliri, hazir
miniŋ küzämgä silimu töt putluq küruiniwatidila däptu.

（8）塔吉古丽讲的故事

阿凡提的一只眼睛痛，变成斜眼。有一天国王说：阿凡提，你的斜眼
真行，你能把一个东西看成两个。阿凡提答道：是的，陛下。现在在我的
眼里您就有四只脚。

(9) tajigulniŋ hikayisi

hikayini bašlidim ämisä, bu bir qorqunušluq jinniŋ hikayisi. burun čät bir
yäːdä bir momay bilän balisi, näwrisila iškisila yašaydikän. u baliniŋ
näwrisiniŋki oquydiɣan mäçtiwi bäk žiraxkän, šuniŋ vilän u bala här küni
mäçtäpkä vaːsa käšligi mäçtäptin yanidiɣan waxtida oqutqučisi u baliniŋ
pišanisigä takkida qip birni čikip quyidikän.här küni šundaq qiliweridikän. suniŋ
vilä bu balizä bu maːlim nimišqa miniŋ pišanämgilä čikidiɣandu, nimi säwäptin
bundaq qilidiɣandu dääääp šuniŋ vilän oylaptu, bir künisi mäçktäptin burun
qoyperiptikän maːlimi yänä u baliniŋ pišanisigä takkida birni čikip quyup kitiptu,
šuniŋ vilä u bala towa, maːlimniŋ bu nimä qiːɣinidu däp oylap üzi bilän üzi
oynaptu, käš voːɣičä mäçtäptä oynap šunda bir kämdä bešini kütüräp qarisa ätrap
qaraŋɣuluqqa čömgän, mäçtäptä hiškim qammaptu, šuniŋ vilä u balizä häy čatax
voldi，mumam mändin änsiräp kitidiɣan boldi, öygä qaytay däp šunda yolɣa
čiqip meŋiiiip šuniŋ vilä qarisa öygä maŋidiɣan iški yol vaːkän birsi čoŋ
yolkän likin u yolda uzaɣraq waqitta öygä baridikän bixätärkän, iškinji yol kičik
čiɣir yolkän likin öygä tiz yitip baridikän likin u yol bäk xätärlikkän, šuniŋ vilä
qaysi yolda maŋsam　bulaː däp tuːsa aldidin bir adäm ütüp kitiwatqan šuniŋ vilä
aka toxtap turiŋä däptu hä däp toxtisa aka aka bizniŋ öygä baridiɣan iški yol vaːti
män qaysida maŋsam bula däptikän u adäm turup kitip sän äŋ yaxšisi mušu čoŋ
yolda maŋ čoŋ yolda bixätär barisä öygä däptikä u bala hä däp quyap u adäm
kätkändä oohoošš öygä ištigräk yitip baːmayma kičik čiɣir yolda maŋayču öygä
tizraq baray qosaqlirim bäk ečip kätti däp čiɣir yolda meŋiptu šunda kitiwatsa
däräxniŋ učida dumtaraŋ taŋ dum taraŋ dumtaraŋ taŋ dum taraŋ digän awaz
aŋliniptu u bala munduoo qaylisa däräxniŋ bešida häːdäp ot küyäwatqan šuniŋ

vilä wiyäy bu nimä ištu däp qoːqup šuniŋ vilä yänä birdäm maŋsa aldida yoɣon bi kariz tuːɣan karizɣa qarisa eeeeriq yäkpay ayaxla tarax tarax tarax däp säkräp birsi toxtisa birsi säkräp šunnnnda oynap kitiwatqan šuniŋ vilä u bala qarap heyyy biräsiniŋ jupti voːsimu bi kiyiwalakänmän däp šuniŋ vilä qarap quyup meŋiptu meŋip qarisa yolda bir müšük učraptu učrap šuniŋ vilä miyaw däplaŋkim qarisa bi öygä kirip kitiptu. u bala munduuu qarisa u öy üziniŋ üyikä, šuniŋ vilä tovaaa bu öygä häjäp tiz kipqaldima, bunnnndaq yeqin ämästi miniŋ üyäm, tova tova däp oylap, popkisini išikniŋ tešiɣa ilip quyup öygä kiriptu, öygä kirsä momisi bir buluŋŋŋŋŋdaaaa oltaɣan, hiliqi kirsin čiraqni yeqip quyap, šuniŋ vilä u bala qopap moma tamaq ätmidiŋma disä ättim balam ättim däptu. šuniŋ vilä maa, mišädä bir qarisam bi qara müšük miyaww däplaŋkim mušu bizniŋ öygä kirip kätkänti körünmäydiɣu qošnila bašqa yärdin biräsiniŋ müšüki käldimu nimä däptikän, šuniŋ vilän u momay mandaq qarap u müšükma? Hääää… hiliqi müšükkk män šu däplaŋkim hiliqi baliniŋ gelini buɣapla öltüräp yäwitiptu   tügidi.

（9）塔吉古丽讲的故事

那开始讲故事了。这是个非常可怕的鬼的故事。从前在一个非常偏僻的地方住着一位老太太和她的孙子。这个孩子的学校非常远。他每天去上学，晚上准备回家时老师在那孩子的额头上咕咚一下敲一下。每天坚持那样做。所以这孩子就想为什么老师老敲我的额头，为什么这样做。有一天学校早放学，老师又在孩子的额头上咕咚一下敲了一下，然后就出去了。于是孩子就想："天啊，老师这样做是什么意思？"然后又继续自己一个人玩。一直玩到天黑，不知何时，抬头一看，早已夜幕降临。校园里早已空无一人。于是孩子想：哎呀，不好了，这回奶奶要担心了，我得回家了。于是他上路，打量周围，一看有两条路，其中一条是大马路，但是走那条路得花很长时间才能到家，可是这条路安全。另一条是一条山间小路，走这条路回家快，但是这条路很危险。于是他正在思索该走哪一条路时，看到前方有人正在过来，于是他就问：叔叔，请等等。那人停下来问：啊，怎么了？他说：叔叔，这儿有两条路通我们家，您觉得我走哪条路好呢？那人想一阵子，说：你最好走这条大路，走大路可以安全到家。孩子回答说行，等那人走了，他就想：哼，还是走小路吧，赶紧到家吧，肚子饿得紧！于是他走了林间小道。他正在赶路时忽然听见咚咚的鼓声。那孩子抬头一看树梢上正在烧火，于是他惧怕道：啊呀，这是怎么回事？他又走了一会，看到前方有个大坑。往坑里一看，一只只单只鞋哐啷哐啷跳着舞。一只停下来，另一只接着跳，于是那孩子想：要是其中哪怕有一只有配对的话我就穿了。于是他看了一会又赶路。他走啊走啊，碰到一只猫，猫叫了一声就蹿进了一栋房里，那孩子好好看了一下，原来是自己的房子。于是他想，天啊，怎么那么快就到家了呢？我的家不是这么近啊！天啊，天啊。他把书包挂在门外就进了屋里。进来一看他奶奶坐在一个角落里，点着那个油灯。于是那孩子问：奶奶，没做饭吗？她答道：做了，孩子，做了。于是那孩子又问：刚才有一只黑猫叫了一声进了咱们这个屋里，怎么不见啊？它是邻居家的还是来自其他地方？于是那老太太看他一下，说：你说那只黑猫吗？它就是我！说完就扑过去，把那孩子吃掉了。

(10) tajigulniŋ hikayisi

　　　　burunniŋ burnisida tuxuniŋ turnisida paxtäk oŋda ušqanda qum čičäkligändä töginiŋ quyriɣi yä:gä yätkändä šundax güzäl šaqiratmida suliri šildirlap eqip tu:ɣan šundax bük baraxsanliq bir ormanliq bolɣan ikän u ormanliqta bir qeriiii öškä ana üziniŋ oɣlaqliri bilän birgä yašaydikän ular nahayiti xatirjäm xošal xoram yašaydikän likin u ormanlixniŋ yänä bir četidä qerii bir bürä ba:kän. u börä dawamliq ašu oɣlaqla bilän ašu anini qandaq qisam yäwitälämkin qandaq qisam yälämän däp šu oɣlaqlani öskini yiyišniŋ koyidaaaa žürüydikän bir küni …mmmmm… künläniŋ birsidä u öškä ana sirtqa čixmaxči voptu sirtqa čixmaxči vulup oɣlaxliriɣa ballirim män sirtqa čiqimän silä išikniŋ ičidin čiŋ taqap olturuŋla birsi kilip išikni ursa härgiz ašmaŋla män kä:ɣän čaɣda män siläniŋ anaŋla däymän šu čaɣda ečiŋla bommisa härgiz bašqilaɣa išikni ašmaŋla däp tapilaptu. bu oɣlaxliri maqul ana xatirjäm bulup kitiwiriŋ däp išikni ičidin taqap öydä qep qaptu. uni paylap tu:ɣan börizäää häjäp yaxši vi kätti män u oɣlaxlani taza yäp bi tuyuwalay däp-zä išikniŋ yeniɣä verip taktaktaktak čikiptu. cäçsä oɣlaxla sän kim däptikä šuniŋ vilän män siläniŋ anaŋla išikni ečiŋla däptikä šuniŋ vilä a vir oɣlax verip išikni ečip animiz käptu išikni ačay däp žügirišiɣä u oɣlaxlaniŋ äŋ kičigi bäk äqilliq ziräkkän toxta toxta išikni ašma u bizniŋ animiz šu ämäsligini biz bir körüp baqayli däp u börigä putuŋni bi quluŋni bi išikniŋ astidin bi kirgüzüp baqä biz bi kürüp baqayli däptikän šuniŋ vilä u börä qulini šunda ki:güssä quli qupqara tirnaxliri uzuuuun tu:ɣan sän bizniŋ animiz ämäskänsä bizniŋ animizniŋki quli digän appaq tirnaxliri šunda čirayliq siniŋ quluŋ qapqara tirniɣiŋ bäk bäk uzunkän sän ämäskänsän saŋa härgiz išikni ečip bä:mäymiz däptu. suniŋ vilä u börä xäppp toxtaptu dääääp ičidä šunda aččiɣi kilip ätä kilip hä:qaysiŋni yäwätmäydiɣan bo:sam däp kitiptu ätisi yäna u öškä ana yänä sirtqa čixmaxči vop ballirim išikni härgiz ašmaŋla ičidin čiŋ taqap olturuŋla däp qoyup čikitiptu. buni paylap tu:ɣan börä yäna

kiptudä išikni tak tak tak čikiptikä u oɣlaxla sän kim disä män siläniŋ anaŋla
däptu šuniŋ vilä hiliqi säl dötraq bir oɣlaq animiz käptu išikni ačay däp
žügüräptikä hiliqi äqilliq ziräk oɣlaq toxta toxta išikni ašmay tu biz uni körüp
baqayli däp quluŋni išikniŋ tigidin ki:güz kürüp baqayli disä tirnaxliri šunda
čirayliq quli appaq tu:ɣan šuniŋ vilän hiliqi oɣlaq animiz šukän däp ečišqa
tämšiliptikän u hiliqi äqilliq ziräk oɣlaq toxta toxta däp siniŋ awaziŋ animizniŋ
awaziɣa päqät oxšimaydikän sän animiz ämäs däp kät däptikän šuniŋ vilä u böri
yänä aččiɣida kitiptu, u börä äslidä qulini appaq unɣa tiqip käptikän öškigä
oxšaptu öškigä oxšiɣan bilän likin awazi oxšimay qaptu šuniŋ vilän ätisi yänä
öškä ana ballirim män yana sirtqa čiqimän išikni qätti ašmaŋla hä, däp quyup
kitiptu. kätsä hiliqi börä paylap turuptikän börä yänä qulini appaq unɣa tiqip
čirayliq gül yasap tirnaqlirini käptu, šuniŋ vilän hiliqi išikni tak tak tak
čikiptikän u oɣlaqla sän kim däptu män siläniŋ anaŋla disä qulaŋni čiqirä köräyli
däptu qulini čiqiriptu šuniŋ vilä awazinimu šunda öškä aniɣa oxšitip däptikä
šuniŋ vilä ula išiniplaŋkim ras animiz kä:gän oxšaydu däp išikni šundala ečišiɣa
hiliqi börä etilip kirip oɣlaqlani bir birläp yalmap yalmap žutuptu hiliqi äqilliq
ziräk oɣlaq čaqqan, šundaq tiz bir yä:gä müküwaptu. müküwaptikän u börä yäp
yäp yäp qusiɣi toyɣan čaɣda čikitiptu u oɣlaxni kö:mäy. čiqip bir yä:gä bir
däräxniŋ tüyigä taza uxlašqa bašlaptu hiliqi öškä ana qaytip kä:sä öyniŋ iči
šunda qalaymiqan turɣan oɣlaqliri yoq way ballirim silä nädä ämdi män qandaq
qilimä silä nägä kättiŋla däp taaaaza žiɣlaptikä hiliqi müküwa:ɣan oɣlaq mundu
qarap ras üziniŋ anisi kä:gänligini kürüp ana ana däp žügüräp čiqip anisiniŋ
boyniɣa esiliptu šuniŋ vilän balam qa:ɣan ača siŋilliriŋ akiliriŋ qeni däptikä
mušunda börä kilip mušunda yäwätti hämmisini yalmap žutiwätti däptikä xäp
börä män äntimni bir ammaydiɣan bo:sam däp šuniŋ vilä iškisi meŋip börini
izdäp meŋip šunda maŋsa bir däräxniŋ tegidä börä hädäp uxlawatqan xäp börä
qaniŋni yerip oɣlaqlirimni qutuldurwammaydiɣan bo:sam däp u böriniŋ qarnini
šunda yeriptikän hiliqi oɣlaqla tax tax tax säkräp čüšüptu šuniŋ vilä ula hämmisi
jäm bulaptu u ormanliqtiki u börimu yoquluptu u öškä ana vilä oɣlaqla xatirjäm
bayašät turmuš käčürüptu.

（10）塔吉古丽讲的故事

很早很早以前有一片非常茂密的森林，那片森林里有一只非常老的山
羊跟自己的羔子们一起生活。它们过得非常幸福、安全。但是那片森林的
另一边有一只老狼，这只狼老打它们的主意，想怎么样才能吃掉那只山羊
和它的孩子们。有一天那只山羊妈妈打算出去找食物，并且对孩子们吩咐

说：孩子们，我要出去，你们在里边把门锁好，要是有人来敲门你们坚决别开，我回来后跟你们说我是你们的妈妈，那时你们就开门，否则坚决别给人开门。那些山羊羔子们说：好的，妈妈，您就放心地走吧。然后它们从里边锁了门，留在家里。在一边偷窥的狼心想：它们的妈妈走了，太好了，让我好好吃个羊羔子，让我吃个饱吧。于是它到门前嗒嗒嗒地敲门。听到敲声，孩子们就问他你是谁？狼说：我是你们的妈妈，请你们开门吧！于是有一只小山羊喊着妈妈回来了，准备跑过去开门。它们中间最小的非常聪明伶俐，它说：等等，别开门，我们先看看它到底是不是我们的妈妈。于是那只狼把手伸进去，一看它的手是黑黑的，指甲是长长的。它们说：你不是我们的母亲，妈妈的手是白白的，指甲是很漂亮的，而你的手很黑，指甲又很长，你不是我们的妈妈，我们绝不会给你开门。于是那只狼很生气地心里想：哼，等着瞧吧！明天看我不把你们都吃掉！就走了。次日山羊妈妈又准备出去，说：孩子们，请你们千万别开门，请从里边锁好。说完就走了。在附近等候的狼又来了，到门前嗒嗒嗒地敲门。小山羊们问你是谁？狼回答我是你们的妈妈。于是那位稍微傻一点的小山羊喊着妈妈回来了，要跑上去准备开门。另一只聪明伶俐的小山羊说等等，别开门，先看看它。然后说：把你的手从门缝塞进来，我们看看。于是那只狼把手塞进来了。一看，它的指甲那么漂亮，手那么白！于是那只小山羊说它就是妈妈，要准备开门。但那只聪明伶俐的小山羊说等等，你的声音根本不像妈妈的声音，你不是我们的妈妈，走开！于是那只狼又气呼呼地走了。原来那只狼的手上是沾了面粉来的，这样就像了山羊。虽然手像了山羊的手，但是声音不像。于是第二天山羊妈妈又说：孩子们，我又要出去了，千万别开门啊。说完就走了。那只狼在附近正在等待机会，听到它们的话了。于是它在手上又沾上面粉，指甲上画了漂亮的画，到了门口。然后它又嗒嗒嗒地敲门。小山羊们问你是谁？它回答说是它们的母亲。它们说把手伸进来让它们看看。它把手伸进来，说话的声音也很像山羊妈妈的声音。于是它们就相信，以为真的是自己妈妈回来了。一开门，那只狼扑进来，把小山羊们一个一个地狼吞虎咽地吃掉。那只聪明伶俐的小山羊却快速地藏了起来。它藏起来以后，那只狼把其他小山羊吃啊吃啊，吃饱了就走了，没看到那只小山羊。它出去找了一个地方，在一棵树下打着呼噜睡觉。山羊妈妈回来一看家里特别乱，小山羊们都不见。哦，孩子们啊，你们在哪儿啊？这回我该怎么办啊?你们去哪里了？它开始号啕大哭。那只藏起来的小山羊一看是自己的妈妈回来了，搂着妈妈的脖子哭。于是山羊妈妈问：孩子啊，其他姐妹兄弟们去哪儿了？它叙述说是一只狼来了，怎么把它们吃掉，怎么把它们都吞掉。山羊妈妈说：等着瞧，狼，我一定会报仇雪恨的。于是它们俩出去找狼，出去着一看，狼在树底下正在大睡。山羊妈妈说：哼，臭狼，我要劈开你的肚子，把我的孩子们救出来。它把狼的肚子劈开一看，那些小山羊们噔噔噔跳出来。就这样它们都团聚了。那只狼也从此消失。山羊妈妈和小山羊们开始安全幸福地生活。

(11) Momayning Hikayisi

hikayä u, ädibiyat ämäš u. burunqi zamanda bir dixan, bir pomčikniŋ iški xutuni barkän. Kičik xutuni bižil boɣanda iškizäk tuɣup quyaptu, biysi müšükniŋ bisi maymunniŋ valisi. A irigä iškizäk tuɣup qoydum diyämmäy, qopap müšükniŋ balisini tuɣup qoyaptimän däp kölgä tašlaydikän. u bir oɣal bir qizkän. Kölgä tašliɣan bala köldä eqip tu:sa, bir dixanniŋ balisi kölniŋ buyiɣa čixsa läyläp kiwatqidäk, u balini süzüp elip öygä äkirip žuyup yögäkni yögäp baqqandikiyin bir zamatlidin kiyin u bala čoŋ bolidikän. Uɣalniŋ ismini čin tümür batur quyidikän, qizniŋ ismini mäxtumsula quyidikän. Iškisi ača siŋil, dadisi üläp kitidikän. Mäxtumsula bilän köldin süziwalɣan bala čin tümür batur ača-siŋil bolap bir öydä yašaydikän. Bu čin tümür batur owɣa čikitidikän. Owɣa čikitip säkkiz kündä bir kilidikän öygä, jaŋgalda uči buči haywanlini tutuw äkilip, öygä äkip yäydikän. bi küni-zä čin tümür batur owɣa čikitiptu, ki:sä yättä bašliq yälmawuz čin tümür batur öydä ba:mu, kap-kap küčügi eɣilda bar:mu misran qiliči quzuxta ba:mu arɣimaq eti eɣilda ba:mu däydikän, disä misran qiliči quzuqta yoxtur, kap-kap küčügi ecɣilda yoxtur, arɣimaq eti eɣilda yoxtur däydikän, disä ašindaq qip yättä bašliq yälmawuz u qizniŋ tapininiŋ qenini šoraydikän, axšimisi yetip čirayi saɣirip kitidikän, ukam nim bolduŋ disä yättä bašliq yälmawuz akam yoqti uči buči disäm öygä kirip mušundaq qenimni šoridi digändikin, yättä bašliq yälmawuzniŋki bešini alimän akam kämmidi yoq däp qoyɣin däydikän. Yänä kip iškinji qetim soraydikän, sorisa kapkap küčügi eɣilda ba:mu, misran qiliči quzuxta ba:mu, arɣimaq eti eɣilda ba:mu disä, yox däp jawap bä:sä akaŋniŋ kiyimi turidu, akaŋniŋ kiyimini žuyupsän, akaŋ öydä ba:kän disä, akam kämmidi däp yättä bašliq yälmawuzni öygä towlaptu, yättä bešini elip bi beši qa:ɣanda qečip kitidikän. andin däryaniŋ buyiɣa berip

（11）老太太讲的故事

（因为讲述者岁数比较大，无法集中精神，所以故事不全，内容前后不一致）

这是故事，不是文学作品。很早很早以前有一位地主，他有两个妻子。小妻儿过一年后生了个双胞胎，其中一个是小猫，另一个是小猴子。她不敢对她老公说她生了双胞胎，而说了生了个小猫，把孩子扔进湖里。双胞胎是一男一女。被扔进湖里的孩子随水漂走，有一个农民的孩子上湖边一看有东西在水里漂来，他捞上孩子，抱回家里，裹在包毯里，养了一段时间。后来孩子长大了。他给男孩起了个名字为 čin tümür batur，女孩子的名字为 mäxtumsula。他们是兄妹，爸爸后来去世。Mäxtumsula 和被捞上的孩子 čin tümür batur 在一家做兄妹生活长大。有一天 čin tümür batur 出去打猎。他出去打一次猎，八天后才能回一趟家。他在森林里抓各种各样的动物，带到家里吃。有一天 čin tümür batur 又出去打猎。附近伺机的七头吸血鬼过来敲门，问：čin tümür batur 在不在家，猖猖狂吠的狗在不在，尚方剑在不在，他的飞马在不在。Mäxtumsula 回答说：čin tümür batur 不在家，猖猖狂吠的狗不在，尚方剑不在，他的飞马不在。于是七头吸血鬼进屋里，吸她的血。Mäxtumsula 日渐面无血色。她哥哥回来后问她怎么了，她告诉他整个事情的经历。他哥哥说：一定要杀死吸血鬼，它再来时告诉它我不在家。这次吸血鬼又来问同样的问题，她也说了同样的话。吸血鬼说：看到你哥哥的衣服了，你哥哥肯定在家。Mäxtumsula 说她哥哥没回来，并且把吸血鬼叫进屋里。čin tümür batur 把吸血鬼的脑袋都砍下来，剩了第七个头时它逃走了。

(12) Momayniŋ qošiɣi
（老太太和她邻居讲的诗歌，省略汉译）

yolda maŋyan čar ilanniŋ boyniɣa zänjir salay
köŋlüm yeqin dostumniŋ köŋlini qandaq alay

čayni sundum özlirigä
čäk vasmiɣan sözlirigä
bir činä unmu az kiptu
pärdaz qilɣan yüzlirigä

reyhangulniŋ qošiɣi

giläm digän qattixkän
qatliɣili bommaydikän
tuqqan digän bälän närsikän
tašliɣili bolmaydikän

asmanlirida ay ba:mu
čäynäkliridä čay ba:mu

nimä unčila titräyla

put-qollirida jan ba:mu

beɣiŋizɣa kirmäymän

beɣiŋizda čilan bar

hic kišidin qoxmaymän

bir čirayliq qudam bar

Häy säydäm jenim säydäm

Aɣriydu meniŋ mäydäm

Bir süyüp quyuŋ säydäm

Saqaysun miniŋ mäydäm

(13) sowutqa bulaq häqqidä

apam suwutqa bulaqtin, mällisi äšä, burun u yä:dä bir mä:čit va:känduq, mä:čitniŋ yanlirida bulaq, šuniŋ ičidä mä:čit va:känduq šu bulaqniŋ ičidä, šuniŋ vilä bir päyɣämbär äläysalam däydu päyɣämbär äläysalam äšägä minip äšägä kä:gändä eti šunnnda ussap kitiptu, šu yä:dä etini hoy ussap kitiptu däymina äšädä etini sowutuptikän dämdu anda herip qaɣan čaɣda ašädä tu:ɣuzɣandikin at hiliqi tä:läšliri ba:ɣansiri sowup at öz äsligä kilidu šuniŋ vilä šu yä:niŋ nami päyɣämbär äläysalam bu yä:dä etini sowutqanliqi üčünla soyutqu bulaq däp äšindaq bo:ɣan iškänduq bu apam äšu sowutqa bulaqtin.

（13）sowutqa bulaq 的故事

我妈妈住在 sowutqa bulaq（大意为"放凉泉"），她的村就在那儿。听说以前在那儿有个清真寺，清真寺旁边有泉，里边有礼拜寺。据说这儿与真主的使者有关。真主的使者骑着马到这儿时，马渴得很厉害。他在那儿让马饮了水，放凉，歇了一段时间。马出汗发热，这回乘凉恢复原状。因为真主的使者在这儿放凉了马，所以被称为 sowutqa bulaq。我妈妈就是 sowutqa bulaq 村的。

(14) momayniŋ hikayisi: öŋkür bolsimu eyiq bolsidi, eyiq bolsimu eriŋ bolsidi

hiliqi öŋkür bolsimu eyiq bolsidi, eyiq bolsimu eriŋ bolsidi digan hikayidä bašlamda yättä qizwala utan tä:gili berip ormanliqqa, yättä qizwaliniŋ ičidin bir qizwala ašu qa:ɣanliri utan terip bašqa yä:gä kitidu. u qizwala u qizwallini tapammay utan tirip bulap tu:sa šuniŋ vilän hiliqi qizwala utan tirip bulap ämdi maŋay däp tu:sa šunda čirayliq güzäl jamalini kö:gän eyiq uniŋɣa küzi čüp qalidu-dä küzi čüp qelip käynidin meŋiwatsa käynidin meŋip šuniŋ vilän hiliqi qizwalini kütüräpla ep kitidikän hušidin kitidikän u qizwala hušidin kätkändä kütiräp ep kätkän waqtida šuniŋ vilän hiliqi bir šunda katta bir saray va:kän, sarayniŋ ičigä äkiriwelip äkirsä u sarayda u qizwala hušiya kä:sä u bi bir eyiqkän, adäm ba:mu däp tu:sa, hiškim čixmaptu. Šuniŋ vilä oltusa u bir eyixkän, eyiq šuniŋ vilän män mušundaq nimä bulap miniŋ nimäm äšindaq eyiqqa özgirip qa:ɣan, xojayinim äšinda eyiqqa özgärtip qoyɣan, däydikän. Šuniŋ vilä u qizwala šuniŋ vilä qo:qap kitip šuniŋ vilä bir küni iškisiniŋ tuyini qip quyaptu atanisi. Iškisiniŋ tuyini qip quyaptikän ätisi apisiniŋ üyigä beriptu, üyigä berip šuniŋ vilän apo manda manda iš däp disä šuniŋ vilä ba:sam anda eyixkän mandakän disä šuniŋ vilän apisi sän ašniŋɣimu tigämsän däp ba:ɣili qoymaptu üyigä Sulap quyap u qizwalini, birnäččä kün sulap qoyap aš tamaq yigüzmäy sulap qoysa u qizwala barimän däp turiwaptu. Tusimän disimu aŋlimaptu šuniŋ vilän bir küni mušu gulni tutup üš qetim eyiq äpändi däp čaqirsiŋiz män čiqimän däptu.šuniŋ vilä bir küni u qizwala beriptu, tosmiyanda ätisi ätigändä ba däptu atanisi. Hämmaqul däp käč vo:ɣanda atanisi berip üš qetim čaqirišni üginiwelip šuniŋ vilä beriplam eyiq äpändi däp ča:qi:sa šuniŋ vilä čixmaptu. u qizwala üš qetim čaqiɣanda čiqiptu čiqip šuniŋ vilän čiqqanda eyiqni palta bilän pačilap äswu palta vilän ašindaq qiwiteptu. Šuniŋ vilän äšindaq qiwätsä u qizwala ätisi ätigändä qupap šuniŋ vilän berip čaqi:sa čixmaptu yänä čaqi:sa čixmaptu. Üyigä kirip čaqirip qalisa u eyixčaq pa:čä pa:čä bulap kätkänkän. Šuniŋ vilän küräp u qizwala zar zar　žiɣlap šuniŋ vilän orniya kämmäydu däp atanisi eyixmu saŋa är vulalamdu däptu.

（14）老太太讲的故事

（因为讲述者岁数比较大，无法集中精神，所以故事不全，内容前后不一致）

很早以前有七个姐妹，去林里打柴，其中有一个打着柴时姐妹们走丢了。那个姑娘找不着她们，自己一个人打完柴，准备回家。这时林里有个熊看中了她那美丽的容颜，跟上了女孩，然后趁着女孩晕过去，忽然把她抱走。熊把她抱到它的家。女孩醒过来一看，抢走她的原来是个熊。她喊有没有人，没人出来。于是她看到的是个熊。熊对她说不知道什么原因他就变成了熊，是它的主人使它变成熊的。那个女孩非常害怕。有一天她的父母给它们办了婚礼。婚礼结束后第二天那姑娘回了娘家。她告诉她妈妈这是怎么怎么回事，娶她的是一只熊。她妈妈说为什么要嫁给熊？于是不让她回去，并且把她关在家里，关了几天，不给她吃的喝的。那女孩坚持要回去，拦住她都没用。熊跟她说过，她拿着一朵花，喊三次"熊先生"，它就会出来。于是有一天她父母不拦的时候她准备回去，她父母要她第二天早上回去。晚上她父母也学会了叫熊出来的方法。然后第二天早上她父母过去，喊三次熊先生，熊出来后用斧头砍死了熊。女孩第二天去，喊几次熊，进屋一看，熊被砍得四分五裂。看到熊的模样女孩号啕大哭。她父母劝她，并说熊怎么当人的丈夫呢？

参考文献

[1] 阿尔斯兰·阿布都拉主编；亚热·艾拜都拉，阿不都热依木·热合曼编著：《现代维吾尔语》（维吾尔文），新疆人民出版社 2010 年版。

[2] 哈力克·尼牙孜主编：《基础维吾尔语》，新疆大学出版社 1997 年版。

[3] 海力其古力·买买提：《现代维吾尔语托克逊话研究》，新疆大学硕士研究生学位论文，2012 年 5 月。

[4] 力提甫·托乎提主编：《维吾尔语参考语法》，中国社会科学出版社 2012 年版。

[5] 麻赫默德·喀什噶里：《突厥语大词典》（第一卷），民族出版社 2002 年版。

[6] 米海力：《维吾尔语喀什话研究》，中央民族大学出版社 1997 年版。

[7] 木哈拜提·哈斯木等：《现代维吾尔语方言词汇研究》，新疆人民出版社 2006 年版。

[8] 木再帕尔：《维吾尔语复辅音变迁》，载于《中国社会科学院民族学与人类学研究所青年学术论坛（2011 年）》，社会科学文献出版社 2013 年版。

[9] 尼加提·苏皮：《维吾尔语伊犁土语研究》，中央民族大学博士学位论文，2010 年 5 月。

[10] 吐尔逊·卡得：《维吾尔语柯坪土语研究》，中央民族大学博士学位论文，2011 年 4 月。

[11] 乌什县地方志编纂委员会编：《乌什县志》（维吾尔文），新疆人民出版社 2007 年版。